だんだんよくなる未来は明るい

斎藤一人 ひとり

斎藤一人 著

PHP研究所

はじめに

コロナ禍《か》を乗り越え、人々は、世の中がまた明るくなることを期待しています。

ところが、自由に動けるようにはなったものの、今度は戦争や災害、少子化の加速、物価上昇、経済・政治不安……といった新たな問題がクローズアップされるようになり、心が暗くなっている人が増えているんだよね。

日本はダメになってしまうの？

そんな危機感が広がっています。


一人さんも、このところ日本や世界の行く末を問われることが多いのですが、私の考えは、昔から一貫《いっかん》しています。

日本も世界も、この宇宙も、だんだんよくなる。

未来は絶対に明るい。

世の中がどんな状況になっても、いまより悪くなることはありません。時間の経過とともに、だんだんよくなる。

これが宇宙の真実だから、心配ないんです。

表面上は悪く見えることでも、そのことがあるおかげで、これからうまくいくようになる。ずっと変わらなかったことが改革されるきっかけになり、幸せな人が増える道を突き進んでいくんだよね。

あのコロナだって、収束してみたら、「オンライン化が進んで便利になった」「人との距離がうまく取れるようになり、ストレスが減った」「自分で情報を取りに行く大切さを知った」みたいな、いいことがいくつもあったでしょ?

コロナに命を奪われたり、後遺症に苦しんだりしている人を思うと、胸が痛むのは言うまでもありません。落胆や悲しみにだって襲われます。

でもその裏側には、いままでになかったギフトが存在するのもまた事実。あのパンデミックがなかったら、新しく生まれた快適な世界は訪れていないと思います。

物事には、必ず裏表がある。影があれば、必ず光もあるんだよ。影というのは、光が差さなきゃ存在できないものだからね。

そしてそのどちらを見るか、どちらの道を選択するかは、自分次第です。

起きた現象の暗いところだけを見て、愚痴《ぐち》や文句を言い続けるのか。

それとも、悪い現象のなかにも明るい部分を探し、笑って生きるのか。

幸せにつながるのはどちらの道か。このことを考えたら、おのずと選ぶべき道が見えてくるよね。


一人さんがいつも「未来は明るい」ときっぱり断言するのは、こういうことを知っていて、私自身が明るい面しか見ないからです。信じるのは、明るい未来だけ。

そしてそう思い込んでいる私は、たぶん、この世でいちばんの幸せ者です。また、私と同じ考えの人を見ても、不幸に泣き暮らしている例は見たことがありません。

未来は明るいと信じる人は、心が豊かで余裕があるし、経済的に追い込まれるようなこともない。いい仲間に囲まれ、笑顔が幸せそのものなんだよ。明るいオーラに包まれてさ。

世の中には、**豊かな人生を手にするのは選ばれし人だけ、という風潮があるけれど、そんなことは100%ありません。**

闇の世界の住人になるか、明るい世界の住人になるかを決めるのは、自分自身なんだ。

自分が決めさえすれば明るい世界が拓《ひら》かれるし、誰にでもそのチャンスがある。

自分にはチャンスがないと言う人は、単に視野が狭くなっているだけなの。出てくる現実の明るい面を、見落としてるんだよね。

長くなりましたが、この本では、誰でも簡単に明るい世界の住人になれる「魔法の言葉」をお伝えします。

「だんだんよくなる未来は明るい」

これが、その魔法の言葉です。

なかには、「そんなありきたりの言葉でなにが変わるの？」と思う人がいるかもしれないけど、これは単なる言葉ではありません。

すさまじい破壊力で闇を切り裂く「神言葉」であり、その真価を知ると、あなたの考えは180度変わると思います。

いま闇の世界にいる人には、「だんだんよくなる未来は明るい」の言葉で、明るい世界が現れます。

すでに明るい世界の住人は、さらに光り輝く世界に導かれる。

あなたの人生に、これまで経験したことのない奇跡の大嵐が吹き荒れるよ。

【お知らせ】

私は誰よりも自分を大切にしているので、自分で自分を「一人さん」と呼びます。

また、本書には神様にまつわる記述が繰り返し出てきますが、これは特定の宗教や教祖を指すものではありません。この宇宙をつくるエネルギーとか、「お天道様」といった存在を意味します。

この点、誤解のないよう、あらかじめお伝えしておきます。

斎藤一人 だんだんよくなる未来は明るい

Contents

第1章 言霊《ことだま》に秘められた力を知ってるかい？

第2章

「だんだんよくなる未来は明るい」の壮大な旅

第3章 うまくいかないのは「軽さ」が足りないから

第4章

もうあれこれ付け足す必要はないんだ

第5章

もっと教えて一人さん「だんだんよくなる未来は明るい」Q&A

第6章

「だんだんよくなる未来は明るい」奇跡の体験談

装幀　根本佐知子（梔図案室）
編集協力　古田尚子

第1章

言霊《ことだま》に秘められた力を知ってるかい？

あなたの波動が明るい未来をつくる

日本語は、世界でもっとも難しい言語だと言われます。ひらがな、カタカナ、漢字といった表記の多さ、同音異義語《どうおんいぎご》（同じ発音でも意味や文字が異なる言葉）がたくさんあることなどからもわかると思います。

また、特有の言い回しで外国語に訳すのが難しい言葉があったり、1つの漢字や言葉のなかに、日本ならではの「神様のメッセージ」が含まれていたりと、日本人でなければ理解しがたい言葉がたくさんあるんだよね。

そこが日本語の楽しいところであり、また難しくもあるんだけど。

たとえば、「大変」という言葉があります。ふつうに解釈すると、苦しみのようなつらいイメージがあるでしょ？

でも、漢字を分解して考えると、真逆の意味とも読み取れる。

大変というのは、「大きく変わる」と書くわけだから、実は人生を激変させる大チャンスだ、と捉えることもできるわけです。


また、「叶」の文字には、「口（くち）」と「＋（プラス）」の表記が隠れています。

そして、叶に「－（マイナス）」をくっつけると、「吐」の字になる。

この2つの文字には密接な関わりがあって、「〝吐〟から〝－〟」が消えたとき、「叶」になる。つまり、**「自分の口からネガティブな言葉が出なくなったときに願いが叶《かな》う」という意味になるわけです。**


こうした日本語の面白さを知ると、ふだん自分はどんな言葉を口にしているだろう、いい言葉を使ってるかなって、そういう気持ちにもなると思います。

日本語のよさを知り、表面的な意味だけでなく、言葉の奥に隠された「大和《やまと》の神様からのメッセージ」にも気付けたら、思考の幅だって広がるだろう。

一人さんは、昔から「言葉には、言霊があるよ」と言います。あらゆる言葉には、その言葉の意味と同じ波動（エネルギー）が宿っているという意味です。

この世界は、目に見えない小さな粒から始まっています。その振動で生まれたエネルギーがたくさん集まり、大きなエネルギーとなって、物質や現象として現れるんだよね。壮大な宇宙は、小さな粒の振動が起源なの。

波動がすべてを生み出し、波動のおかげで、いま私たちもこうして存在することができるし、当然、1つひとつの言葉にも波動がある。

子どものとき、病気やケガでつらくても、お母さんやお父さんが「痛いの痛いの、飛んでいけ〜」「大丈夫だよ」なんて体をさすってくれると、本当に苦痛が和らいだり、安心したり、そんな経験はないだろうか？　子どもに限らず大人だって、好きな人や看護師さんの言葉に癒《いや》されることはあるよね。

やさしい言葉をかけられるとうれしいし、心があったかくなる。励まされ、勇気だって出てくるじゃない。

こういうのは、決して気のせいではありません。言霊の力なんです。

そして同じ言葉でも、受け止め方で言霊が違ってくるのも面白いところ。先ほどの「大変」という言葉は、表面的にはネガティブな波動を感じるかもしれないけど、別の視点で「大きく変わるチャンスだ」と前向きに受け止めた瞬間、言霊も変わっちゃうんだよね。

そうすると、いまは大変だとしても、その先には明るい未来ができてくる。明るくなったあなたの波動が、明るい未来をつくるんです。

もしかしたら、大変であればあるほど、未来にはあっと驚く奇跡が待っているかもしれないよ。と思うと、嫌なことも笑って乗り越えられるんじゃないかな。

なんでもいい方に、明るい考え方をする人には、そのエネルギーで明るい未来がつくられます。人生って、実は簡単に自分の思い通りにできるよ。

言霊は火種とか燃料みたいなもの

誰かを慰《なぐさ》めたくて「大丈夫だよ」と言えば、相手には「大丈夫の波動」が伝わり、安心感を生みます。

でも、**それ以上に安心の波動に包まれるのは、実は自分です。なぜかと言うと、自分の声をいちばん聞いているのは自分だから。**

しかも、ただ声を聞くだけでなく、言葉を発するときの声帯のバイブレーションなんかも感じるでしょ？　人に贈ったつもりの言葉でも、その言霊を誰よりも浴びるのは自分であり、自分がいちばん恩恵を受けるの。

人を励ましたつもりが、どういうわけか、自分の方が元気になっちゃった。みたいな経験をしたことがある人もいると思うけど、それって当たり前の話なんだよ。

また、波動には「共鳴し合う」性質もあるので、自分が安心すると、その波動は周りにも伝播《でんぱ》します。だから、あなたの周りにいる人も安心するし、それがまた自分に返ってくれば、あなたの安心波動も増幅する。

さらに、あなたから明るい波動を受け取った人が家に帰れば、今度は、その家の人たちがみんないい波動になります。

そうやっていい波動が波紋のように広がれば、地球上に幸せな人が増える。これを、一人さんはずっと推し進めているんだ。

波動の力があれば、傷つけ合うことのない、誰もが幸せで平和な世界になる。真の理想郷をつくることができると、私は信じています。

自分がどんな波動をまとうかは、自分の「思い」で、いかようにも変えられます。それこそ、本来は「今日はどんな服を着る？」と同じぐらいの感覚で、自分の波動は決められるんだよね。

ただ、長らく自分は不幸だと思い込んできた人に、いくら「幸せだと思いな」「安心しな」と言っても、それは簡単じゃない。長年積み上げられてきた「思いグセ」はなかなかにガンコで、無理に思いを変えようとすると心が反発しちゃうの。

じゃあどうするかって言うと、ここで言葉の出番です。

本音はどうあれ、淡々と明るい言葉を唱《とな》える。いい言葉を唱え続けると、その言霊に影響を受け、自然に心が軽くなってくる。「私って、実は幸せかも」なんて思えるようになるんだよ。

自分にダメ出しばかりしてきた人でも、「大丈夫、大丈夫」って自分に声をかけ続けると、本当に大丈夫だと思えるようになるし、自分否定をしなくなります。

言霊って、ある意味、火種とか燃料みたいなものかもしれないね。

たった1つの言葉をきっかけに、心に明るい灯《ひ》がともる。いまにも消えそうな炎が、言霊という名の燃料が注がれるだけで、いっきに燃え盛り明るく照らされる。

一人さんは、そんなふうに思っています。

起死回生の奇跡を起こす超パワー

明るい言葉を口にすれば、明るい気持ちになる。

愛の言葉をつぶやけば、心が愛でいっぱいになる。

一人さんはそんな言霊の力を信じ、いつも自分の人生に取り入れてきました。

納税日本一という現実にしても、だからこその結果だと思っているんです。この豊かさは、決して自力でつかんだものではありません。

また、私は子どもの頃から体が弱く、いままで何度入院しただろうってぐらい、病院のお世話になっています。時には、医者から「もう（命が）持たないでしょう」と言われたこともあるの。いまこうして生きているのは自分でも奇跡だと思っていて、それもやっぱり言霊のおかげとしか考えられないんだ。

私は、波動に豊かさをもらい、命を救われた。

それは一人さんに限った話ではありません。

私のこうした考えに共鳴し、「一人さん流の生き方をしたい」と言ってくれる人が全国や海外に何万人といるんだけど、それぞれに、いろんな奇跡を体験しています。

「商売がうまくいかず〝もう倒産しかない……〟と覚悟したが、土壇場で大きな仕事が入り、そこからV字回復しました！」

「足の骨折で厄介《やっかい》な状況になり、もうふつうに歩けなくなる可能性があったけれど、超順調に回復しています」

「嫌なことがあっても、すぐに気持ちを切り替えることができるようになりました。イライラしなくなり、失敗しても、その失敗すら楽しめる自分がいます」

「不労所得が次々に入ってきて、笑いが止まりません♪」

「嫌な相手に悩まされていたけど、なぜかその人がいい人に変わってビックリ！」

一人さんのもとには、昔からいまにいたるまで、こうしたエピソードがひっきりなしに寄せられているんです。

最初はみんな、それぞれに悩みもあったし、苦しんでもいた。でも、言霊を意識し始めたら、夢みたいな奇跡がじゃんじゃか起きてきちゃうわけだよ。


言霊を信じていない人にとっては、偶然うまくいったように見えるし、だからその偶然が続くと、「あの人ばかりズルい」「なんで私だけツイてないの？」なんて愚痴を言いたくなっちゃうんだけど。

実はその愚痴が、ますます自分のツキやご縁を遠ざけるんだよね。

波動の法則で言えば、愚痴を言えば言うほど、暗くて重い波動を出すことになり、次もまた悔しくなるような現実が出てくるの。


愚痴は口に出しません、心のなかで思ってるだけなら言霊は関係ないでしょ？　そう思う人がいるかもしれないけど、残念ながらそれは違います。

心の声は、ちゃんとあなたの耳に届きます。脳はしっかり反応します。

声に出しても出さなくても、思考があるだけで、その通りの力が１００％発揮されちゃうんだよね。よくも悪くも、現実が変わる。

ただ、さっきも言ったように、思いというのは容易にコントロールできるものではありません。嫉妬《しっと》や怒り、悲しみ、苦しみといった暗い気持ちを簡単に捨てられるのなら、誰も悩まないと思います。

だから、言葉の力を借りるわけです。

心が沈んでいても、口に出す言葉によって、心のモヤを晴らすことができる。あなたも、起死回生の奇跡を起こす超パワーを受け取れるよ。

一人さんの強運は天国言葉から始まった

これまで一人さんは、いい波動を持つ言葉をたくさんお伝えしてきました。

その代表と言えば、聞く人の心が明るくなる「天国言葉」です。

天国言葉

愛してます
ツイてる
うれしい
楽しい
感謝してます
幸せ
ありがとう
ゆるします

天国言葉は、いくら口に出してもかまいません。

言えば言うほどいい波動で運気が上がるので、自分の一部になっちゃうぐらい、積極的に唱えてもらいたい言葉です。

その反対に、言わないように心がけてもらいたいのが、聞いた人が嫌な気持ちになる「地獄言葉」です。

地獄言葉

恐れている
ツイてない
不平不満
愚痴・泣き言
悪口・文句
心配ごと
ゆるせない

一人さんの場合、ほとんど生活のなかに地獄言葉は出てこないんですね。なにかあっても笑いに変わってしまうし、特に意識しなくても、愚痴や文句が出てくることはありません。

出てくるのは楽しい天国言葉。いつもスカッと気分がよくて上気元《じょうきげん》（一人さんは「上機嫌」をこう書くのが好きです）なんです。


そういう上気元の人から、悪い波動が出るはずがないんだよね。

明るい波動、愛の波動を出すのが当たり前の一人さんだからこそ、やることなすこと、口に出す言葉ぜんぶが、最強に明るい波動になっちゃうわけです。

そしてそれがどこから始まっているかと言うと、「天国言葉」なんだ。

いま時代が求めるのは強烈な明るさ

お伝えしたように、一人さんの強運のルーツは、天国言葉にあります。

また、私は時代に合わせた言葉も、自分が上気元でいるために活用していて、それをみんなにお伝えしてきましたが、この「天国言葉＋α《プラスアルファ》」の言霊で、たくさんの人の人生が好転しました。

せっかくなので、これまでご紹介してきた言葉を、いくつか挙げてみましょう。

そのままで大丈夫
自分はスゴいんだ
今日はいい日だ
どうでもいい、どっちでもいい。どうせうまくいくから
なんとかなる
まぁいいか
このことがダイヤモンドに変わります
ふわふわ

ほかにもたくさんありますが、こういう言葉が口癖になると、奇跡なんて驚くほど簡単に起きるようになります。

ちなみに、こういった明るい言葉はぜんぶ天国言葉に入ります。ベースの天国言葉のほかに、あなたの気になる言葉があれば、それを意識的に使ってみるといいね。

なお、「時代に合わせた言葉」というのは、言葉にも、時代ごとに「鮮度」みたいなものがある、という意味です。

世の中のムードにしても、人の考え方にしても、時代によって変わります。そういうのを象徴する言葉というか、そのとき人々が強く求める波動を持つ言葉がもっとも鮮度の高い言葉になる、みたいなイメージです。

もちろん、ほかの天国言葉だって最高の波動があるよ。ただ、時代を象徴する言葉は、ムードが後押ししてくれることで、より強力な言霊を宿す「神言葉」になるわけです。

では、いまの時代にいちばん求められるのはどんな言葉か。

それが、本書のタイトルにもなっている、

「だんだんよくなる未来は明るい」

です。

この世界はだんだんよくなるし、自分もほかの人も、みんなよくなっていく。明るい未来しかない。読んだ通りの意味です。

いま、長く厳しかったコロナ禍をようやく抜け、多くの人が「また盛り上げていこう!」みたいな決意を新たにしているよね。しかしそのいっぽうでは、戦争が勃発したり、世界各地で自然災害が起きたりと、不安定な社会情勢に心が沈むこともある。

こうしたムードのなかで、人の魂(心)がいちばん求めるのは強烈な明るさです。ストレートに、「絶対明るくなる。心配ないよ!」って思わせてくれるような強い波動が、多くの人に響きやすい。

だから、読んでダイレクトに明るさが伝わる、「だんだんよくなる未来は明るい」という言葉なんです。

神言葉には、想像もつかないほどのパワーがあります。ただ唱えているだけで、勝手に明るい未来がつくられるの。

まさに最強の言霊であり、「だんだんよくなる未来は明るい」と唱えている人には、あらゆる奇跡が雨あられと降り注ぐよ。

人の心をつくるのはいい波動を持つ言葉

人間の体は、水分や栄養のほか、適度な運動をすることで健康が保たれます。

では、人の心をつくるのはなにか。

その答えは、「いい波動を持つ言葉」です。

愛のある言葉で、人の心は温まる。明るく楽しい言葉を聞いて、心が豊かに育つんだよね。

言葉と心は、切っても切れない関係にあります。言葉は、いわば「心の案内人」とも言えるわけです。

言葉がわからない赤ちゃんや、認知症のお年寄り、障がいのある人などは、どうやって心が満たされるんですかって思うかもしれないけど、それこそ周りの愛です。言葉そのものの意味は理解できないとしても、波動はあらゆる存在に影響します。愛のある言葉で話しかけたら、その波動は間違いなく相手に伝わるんだ。

人間だけでなく、植物やなんかでもさ、「可愛いね」「今日も素敵だよ」みたいな声がけをしながら育てた花は美しく育つという話を聞くし、その反対に、汚い言葉をかけられた花は長持ちしにくい、なんて説もあるぐらいだからね。

そもそも、人にあったかい言葉をかけていると、言ってる本人の方がまず癒されます。そうすると、言霊とは別に、自分自身からもあったかい波動が出る。

もはや、言葉なんかいらないよね。

あなたがいるだけで、そこがパワースポットになっちゃうんです。

最初の引き金は言葉であり、言葉によって、心は「進むべき道」へ導かれる。しっかりと軌道に乗ってしまえば、あとはもう、言葉がなくても道に迷うことはありません。

もし迷走することがあっても、そのときはまた言霊に頼ればいいだけの話です。いまだったら、「だんだんよくなる未来は明るい」という言葉だよね。

イライラ、モヤモヤする理由ってね、ようは未来に不安があるんだよ。「こんなことじゃ将来困る」「いま我慢しないと後で泣くことになる」という思い込みがあるから、機嫌を損《そこ》ねちゃうの。

未来を憂うあまり、自分に嫌なことを強要し過ぎなんだね。

だけど、機嫌が悪ければ運はついてきません。それどころか、悪い波動に引っ張られて、ますます苦しくなるような現実が出てきます。

その点、「だんだんよくなる未来は明るい」の言霊があれば、心は本気で「安心の未来」を信じ始めます。未来への不安がなくなれば、気持ちが安定してイライラもモヤモヤもなくなり、上気元になるよね。

だから波動も明るくなって、いいことがいっぱい起きてくるんだ。


ちなみに、運気が上がってくる前段階のお知らせとして、「頻繁にシンクロが起きる」「立て続けにゾロ目を見る」といった報告をよく聞きます。同じ情報を別の人から何度も聞くとか、時計を見るとしょっちゅうゾロ目になっているとか。

もし、あなたが神言葉を唱えているときにそんなことに気付いた場合は、いよいよステージが変わる、なにかが起きる可能性が高まっていると思っていいでしょう。

そんな発見も、ゲーム感覚で楽しんでもらえたらうれしいです。

神言葉には明るい意味がすべて含まれるよ

「だんだんよくなる未来は明るい」という言葉は、読んだ通りの意味ではありますが、実は、時代が求める神言葉の場合、そこにはあらゆる「いい意味」が含まれます。

感謝
幸福感
楽しさ
豊かさ
愛
魅力
不安や恐怖、孤独感からの解放
ストレス解消
嫌なことを断れる勇気
人の不快な言動をうまくスルーできる力

これらのほか、あなたの思う理想の状態、明るいイメージは、すべて「だんだんよくなる未来は明るい」の言霊に含まれているんだよね。

これだけの明るい意味を持つ言葉だからこそ、唱えるだけでどんどん神様に近づける。波動が上がり、魂も成長するわけです。


ただ、1つだけ気に留めておいてもらいたいことがあって。

だんだんよくなる未来は明るい。

これはね、ちょっとずつ、一歩ずつ前進するよ。今日より、明日の方が少し明るさを増す。明日より、明後日《あさって》の方がいい日になるよって、そういう意味なんです。


なかには、まるで一足飛びみたく明るくなる人もいる。

また、ちょろっと唱えただけで、口癖にもなっていないのに、「いくら言ってもよくなった実感がない」とかって不満を抱く人もいます。

こういう、「すぐ結果が出る人」「なかなか思うような現実が出てこない人」の違いはね、どのぐらい、いままでの波動が染《し》みついているかによるんです。

たとえば、うちのお弟子さんたちは何十年と明るい考え方で生きているから、心に陰りが出ることは滅多にないんです。基本の波動が、すでに明るいんだよな。

そうすると、神言葉を1～2回唱えただけでもパッとうれしいことが起きる。もともと明るい人は、そこからさらに波動がよくなるわけだから、それこそビックリするような現象がふつうに出てきちゃうわけです。

いっぽう、これまで何十年と愚痴や文句に覆われて生きてきた人は、その暗い波動を明るく変えるのに時間がかかります。なにせ、何十年モノの重い波動だからね。

油汚れでもさ、すぐに拭き取ればものの数十秒できれいにできるけど、何十年と蓄積されたものをきれいに落とそうと思うと、やっぱり少し時間はかかるでしょ？　そんなイメージです。

でもね、神言葉って心のお掃除にかけてはプロ中のプロだから、任せておけば絶対ピカピカになります。**時間がかかる場合もあるけど、まったく心配ないから、大船に乗ったつもりで唱えていればいいですよ。**

そのうちに、ひょいとうれしいことが起きるようになってくるからね。

世界はよくなっている。それが大原則

石器時代の人は、洞窟のなかとか、崖の陰みたいなところで寝起きしていたと言われます。なにもかもが自給自足で、常に危険や病気と隣り合わせの暮らしだったの。

それが、時代の流れとともに変わってきた。建築技術の進化で小さな小屋が建てられるようになり、田畑を耕して農作物を収穫したり、家畜を飼うようになったり。豊かな暮らしができるようになってきたんだよね。

それでも、日本で言えば昭和の時代まで、エアコンなんてなかった。

夏の暑い日に涼しい部屋でアイスクリームを食べるとかって、いまはそれほど特別なことじゃないでしょ？　だけど人類の長い歴史で見ると、そんな贅沢ができるようになったのはごく最近の話で。

戦国時代に強大な力を持った三大武将（織田信長、豊臣秀吉、徳川家康）でさえ、そんな甘美《かんび》な体験はしたことがないんです（笑）。

と思うと、庶民でもそれができる現代人の私たちは、三大武将よりはるかに豊かだし、幸福度も高いよね。しかも、戦《いくさ》もなく平和な国でさ。

世界は確実に進化している。ただ、歴史をたどってもわかるように、時間がかかるものもあるんです。ゆっくりとしか変わらないことがある。

確実によくなることは決まっているけれど、「だんだんよくなる未来は明るい」の神言葉を唱え続けても、基本的には、少しずつ変わることしかできません。

でもそれは、決して悪いことではない。一人さんに言わせると、この世界に生きるものを守るための「神の愛」なんだ。

とはいえ、目に見えやすい変化というのはあって。

たとえば、「あの人に会いたいなぁ」みたいな望みや、ちょっとした臨時収入ぐらいなら、波動が変わると同時にパッと目の前に出てくることもあるんだよね。

一人さんの経験から言えば、この程度のことはかなり頻繁に起きます。

また、1つひとつの変化は小さなものでも、それがマグマのごとくエネルギーを溜《た》め込むことで、あるときドカンとでっかい幸運になることも。

それがもっともわかりやすいのは、人との出会いだと思います。

自分の波動が変わると、まず出会う人が違ってくるんだよね。会う人会う人、みんないい人になってくる。自分の波動が変わったことで、目の前の人が別人のように変わることもあるしさ。

もちろん、「感じがいい人だな」「一緒にいると安心できる」みたいな感情はその都度湧くだろうし、それ自体もうれしい実感だと思います。一人さんにとっては、こういう喜びこそ最高に幸せなわけだけど、多くの人にとっては、ささやかな喜びって日常に埋《う》もれやすい。

でもね、たいていの場合、幸せは人が運んできてくれるんだよ。つまり、知り合った相手によって、起きてくる現実も大違いになるわけです。

いい人と知り合い、その相手と良好な関係が築けたら、少し時間は空くかもしれないけど、ある日、あなたにとって最高の情報を持ってきてくれたりするんだよね。

あなたにとっては「突如として現れたチャンス」に見えるかもしれないけど、実はその幸運がもたらされるはるか以前から、あなたの幸運は始まっていた。

そんなことも言えるので、とにかく焦《あせ》らないことだね。

天の神様におまかせしておけば、まず間違いありません。

明るい未来は決まっているんだから。

第2章

「だんだんよくなる未来は明るい」の壮大な旅

「1000回×21日間」の楽しい旅

どんなチャンスも、ささやかな日常の幸せから生まれます。最初のきっかけは、もしかしたら針の孔《あな》ほど小さなものかもしれないけれど、そこに気付いた人から、奇跡の物語が始まります。

神言葉を唱えていると、こうした「気付く力」もついてくるんだよね。

未来を案ずる人は、どうしても恐れの方に気を取られます。心配事って、目隠しみたいにいろんなものを見えなくさせてしまうの。

その反対に、未来は明るいと安心して「いま」に集中できる人は、余計な気を揉《も》むこともない。目の前に出てきたことをじっくり味わうゆとりがあるし、小さいことにも目が向くんだ。

そんなことをみんなに実感してもらいたくて始めたのが、全国の一人さん仲間が参加する、「だんだんよくなる未来は明るい」ゲームです。

1日1000回、21日間にわたって、みんなで「だんだんよくなる未来は明るい」の神言葉を唱えようっていうゲームなんだけど。

私たちはこれを、人生を変える楽しい旅だと思っているんだよね。

21日間の旅を達成した後も、楽しくて止まらなくなり、2巡目、3巡目と挑戦している人も大勢いるぐらい、大人気になっています。

まずは、ルールをご紹介しますね。

> ◎**「だんだんよくなる未来は明るい」**という言葉を、1日1000回、21日間唱えます。いっきに1000回唱えられなくても、1日のなかで合計して1000回になれば大丈夫です。連続21日間が難しい場合も同様で、途中で間が空いても、累計で21日間になればOK。

◎人によって多少の差はあると思いますが、「だんだんよくなる未来は明るい」は、3分で100回ぐらい唱えられます。厳密に数をカウントするのは大変ですから、「30分で1000回」を目安にしていただいてかまいません。

◎早く言い終えたくて、早口言葉のように唱える人がいるのですが、慌てて舌を噛んでしまうこともあるので、あまり焦らず落ち着いて唱えましょう。

◎1日1000回が難しい人は、100回でも、300回でも、自分のできる回数でかまいません。細かいことは気にせず、自分のペースで楽しむことが大切です。

◎声に出して「だんだんよくなる未来は明るい」と唱えるのが難しいときは、心のなかで唱えましょう。声に出さなくても、じゅうぶん効果があります。
ただ、可能であれば声に出すことをお勧めします。声を出せば、自分の耳でも聞くことになり、いい波動につながりやすくなるからです。なお、声が大きければ大きいほどいいといったことはありませんので、小声でも大丈夫ですよ。

◎「１０００回×21日間」終了後も、引き続き、忘れない程度に唱えましょう。運動をやめると筋肉が落ちてくるのと同じで、神言葉もまったく言わないでいると忘れやすくなるのです。

達成後も継続する際は、特に回数の目安はありません。１日10回でも、２〜３日ごとに１００回でも、ご自身のペースで自由に言えば大丈夫です。

もちろん、２巡目や３巡目の旅に挑戦すれば、波動はいっそうよくなりますよ。

ちなみに、「1日1000回×21日間」の根拠についてよく聞かれるんです。

一人さん的には明確な理由があってこの数にしているわけですが、それはあえてお伝えしない方が効果的だと思うので、ここでも秘密にさせていただきますね。

1つだけ言えるとしたら、**言葉が自分のなかで「確信」に変わることで、言霊の最大の力を受け取れます**。真に腑《ふ》に落ち、自分の柱が「だんだんよくなる未来は明るい」になるまでは、なかなか波動がついてこないんだよね。

そこを目下のゴールとして定めたら、やっぱり最低でも1日1000回、21日間は唱えた方がいいと思います。

魂の伸びしろに限界はないんだ

ここに、「だんだんよくなる未来は明るい」の旅（1日1000回×21日間）を終えた人が、2人いるとします。2人とも、ほぼ同じ時期に、同じだけ言霊のエネルギーを浴びたんだよね。

だけど、出てくる結果は同じじゃないんです。もしかしたら、1人にはとんでもない奇跡が起き、片方はそれほどでもないとか、そんな結果もあり得る。

同じように唱えても、人によって実感できる効果は違うわけです。

なぜかと言うと、いままでにどれぐらい「うまくいかない」という思い（波動）が染みついてしまったかは、人それぞれ違うからです。


また、人にはそれぞれ個性があって、この世に持ってきた使命（地球に生まれてきた理由）も、考え方も、ぜんぶ違います。産んでくれた親も違えば、育ってきた環境、人生だって同じじゃないよね。

畑に大根と人参の種を植えて、同じように肥料や水をあげても、出てくるのは大根と人参です。大根が人参になることはないし、人参が大根に変わるはずもない。

同じ大根の種ですら、発芽のタイミングも生長の速度もぜんぶ違うと思います。


神言葉は、魂の栄養です。だけど、その栄養を受け取る人がそもそも違う個性を持っているわけだから、出てくる現実が同じになることはないんだよ。

ただ、人間の魂と植物は違います。

植物の場合は、肥料をいっぱい与えても発芽しないとか、うまく育たないとか、そんなことも珍しくありません。

だけど神言葉の波動を浴びた魂は、確実にレベルアップします。成果として、現実に出てくる形やタイミングは違っても、１００％効果があるのが波動なの。

また、植物は肥料や水のやり過ぎはよくないと言われます。人間も、肉体においては同じことが言えるね。

ところが、魂にはそれがない。いい波動はいくらでも浴びた方がいいし、明るい言葉を唱えれば唱えるほど、魂はグングン成長するんだよ。

ここが、人の魂、そして言霊の特徴であり、最高に素晴らしいところなの。

どこまで栄養を注いでもいい。それはすなわち、「魂の伸びしろに限界はない」という意味でもあります。

いい波動になって理想の人生に近づいても、まだ上を目指せる。永遠に成長し続けられるし、無限に幸せが広がるよ。

それとね、言霊によってそれぞれに違った現実が出てくるとしても、最終的にたどり着く場所、目指す場所というのは、みんな同じなの。

誰もが、幸せの世界に向かっている。平和な天国が、全員の目指す目的地です。ただ、どのルートで天国に向かうかが違うだけです。

道中の景色や、進むスピードが違っても、あなたも私も、同じ目的地へ向かって旅をしている。みんな、同じ旅の仲間だよ。

それぞれに合った奇跡が起きるからね

神言葉を唱えると、１人ひとり、自分なりの成長を遂げます。

いまの自分が学びを得るのに最適な現実が出てくるし、そのときの自分にちょうどいい奇跡が起きてくる。

唱え始めて日の浅いうちは、あまり効果を感じないかもしれません。だからと言ってそこでやめてしまえば、成長も止まります。

もう少し続けたら、目に見えて変化が感じられるかもしれないのに、その前にやめちゃうのは本当にもったいないことだよ。

やれば絶対、なにかが変わる。その証拠に、すでに「だんだんよくなる未来は明るい」の旅を達成している一人さん仲間たちからは、続々と報告が寄せられています。

ごく一部になりますが、その内容をご紹介しましょう。

「だんだんよくなる未来は明るい」と唱えるのが当たり前になり、言わないと気が済まないほどクセになりました（笑）。と同時に、急に部屋をきれいにしたくなり、あちこち掃除。1日掃除すればスッキリするかなと思いましたが、翌日も、その次の日も片付け続けています。おかげで、家のなかがどんどん快適に♡

いままでこんなことは一度もなかったので、自分でもビックリです。

先日、会社で直属の上司と面談がありました。その際に、「上役が、あなたのことを高く評価しています」と褒められ、ますます仕事にやる気が出てきました！

人に貸し、もう返ってこないと諦《あきら》めていた11万円が急に返ってきたほか、入院中の義母が元気になってきて、家族にも笑顔が増えました。

職場の人間関係でギスギスしていたのですが、「だんだんよくなる未来は明るい」の旅を始めたところ、嫌な同僚が異動したり、退職したり。代わりにいい人が入ってきて、働きやすい環境に変わってきました。

また、「これ欲しいな」と思ったものを人からいただく、「あれが食べたい」と思うとすぐにそのチャンスが訪れるなど、願いの叶うスピードが速くなっています。

外を歩きながら、心のなかで「だんだんよくなる未来は明るい」と唱えていると、品のいいご婦人から声をかけられ、「あなた、笑顔が素敵。きれいね」と褒められ、最高の気分♡

車の運転中に「だんだんよくなる未来は明るい」と言っているとき、ふいに横道から車が飛び出してきて……。本当にヒヤッとしましたが、奇跡的に衝突を避けることができたのです。もしぶつかっていたら、運転席に激突して、無事ではいられなかったと思います。言霊に守られたとしか思えません。

40代の息子が、なんと15年ぶりに食事に誘ってくれました！　主人と3人でランチして、いっぱいお喋りして幸せです～♪

夫の会社で臨時ボーナスがあり、私に半分くれました。臨時収入、なにに使おうかウキウキが止まりません。

私は看護師をしているのですが、いつも看護師に怒鳴るドクターがいます。その日も、いつものように怒鳴られたのですが……しばらくすると、ドクターが「怒鳴って申し訳なかった」と、わざわざ謝りに来たではありませんか！　私だけでなく、ほかの看護師にもこれまでの謝罪があり、みんなポカンとしています（笑）。

会社に、厳しい上司がいます。いままでは「嫌だなぁ」としか思えなかったのが、上司の言葉には深い意味があると気付き、とても学びになっています。急に感性がよくなったようで、お客様の悩みの本質も見えるようになりました。

パートで、ブランド品販売のお仕事をしています。「だんだんよくなる未来は明るい」の神言葉を1000回唱えるたびに、高額商品がじゃんじゃん売れてビックリ！　正社員よりも成績がよく、売り上げで全国1位になっちゃいました〜。

人の体験談に触れると、俄然《がぜん》、やる気が出てくると思います。「私もやるぞ！」っていう気持ちになるよね。

このほかにも、第6章で読み応えのあるエピソードをいくつかご紹介しますので、そちらもモチベーションアップにお役立てください。

「だんだんよくなる未来は明るい」で歌う、踊る！

現在、はなゑ隊（弟子の舛岡はなゑさんが率いるグループ）のYouTubeチャンネル(※)では、ほぼ毎日「だんだんよくなる未来は明るい」１０００回の旅が行われています。

たくさんの方がオンライン上に集まり、みんなで一緒に「だんだんよくなる未来は明るい」の神言葉を１０００回唱えるんだよね。

一人さんもよくこの動画を見るのですが、眺めてるだけでも本当に楽しくて。

まず、参加者がみんなノリノリなの（笑）。両手を体の前でワイパーのように動かしながら唱えたり、人によっては完全に踊っているんです（笑）。

もはや、リズムに乗って歌を歌ってるようなものかもしれません。

こちらから、「リズムに乗りましょう」とかアドバイスしたわけじゃないの。みんな唱えているうちに楽しくなっちゃって、勝手に体が動くんだよね。

というか、「だんだんよくなる未来は明るい」って、実はすごく語呂がいい。リズムに乗りやすいの。

そんなわけで、最近は「だんだんよくなる未来は明るい」という言葉に合うノリのいい音楽をかけながら、それぞれに楽しんでもらっています。


最初はちょっとテンション低めだった人も、全身で「だんだんよくなる未来は明るい」を楽しむ仲間の姿を見るうちに、だんだん体が動いてきます。

いい波動が、目に見えてほかの人に伝播し、広がっていくのがわかるんだよ。

波動にはいったいどれだけの力があるんだろうって、一人さんも驚かされるぐらいなんです。


先ほどご紹介したエピソードもそうだけど、一人さん仲間たちは、こんなふうに楽しみながら唱えているからこそ、いろんな奇跡が起きるのかもしれません。

楽しめば楽しむほどいい波動になり、そのぶん奇跡も起きやすくなるものだからね。

一人さん仲間からいい波動をもらいたい、自分も参加したつもりで楽しみたいと思う人は、動画を見ながら1000回の旅に挑戦するといいでしょう。

もちろん、「自分の好きなタイミングで、好きな回数を言いたい」「1人で唱える方が気楽でいい」と思う人は、それはそれでいいしね。

あなたが楽しむことが、最大にして唯一のコツです。楽しくできたらそれで100点だし、そういう人には、きっと自分に合った奇跡が起きてくるよ。

なお、YouTubeのなかには、ほかにもお弟子さんや仲間たちが「だんだんよくなる未来は明るい」と1000回唱えているチャンネルもあるそうです。

うちの公式ではありませんが、そういったチャンネルで聞くだけでも、いい波動になれると思いますよ。

（※）銀座まるかん パピコちゃんねる
https://www.youtube.com/@user-zm5jt9up3x/featured
祝日など、不定期でお休みすることがあります。

成功の扉は「凡事徹底」で開く

みなさんは、「凡事徹底《ぼんじてってい》」という言葉を聞いたことがあるだろうか。

当たり前のこと、小さなこと、ありきたりなことを、馬鹿にせず徹底的にやり通せば道が拓ける。大きな成功を手にする。そんな意味の言葉です。

これは、まさに一人さんが言い続けていることなんだよね。

私の教えには、難しいものは1個もありません。「だんだんよくなる未来は明るい」の言霊もそうだけど、ただ言えばいいとか、笑顔とか、どれもすごく簡単なの。

なぜ簡単なことしか伝えないんですかって言うと、凡事徹底が極めて重要だと思っているからです。

いつも笑顔で機嫌よくいる。

人に会ったら、「おはようございます」「こんにちは」の挨拶をする。

こういうのを小さく見て、疎《おろそ》かにする人っているんだよね。でも、人間が人間らしく快適に、そして幸せに生きるには、自分が上気元で、ほかの人にも親切にすることが欠かせません。

正直、勉強や仕事がいくらできても、こういうのが欠けていると魅力がない。「あの人、頭はいいけど苦手だなぁ」とかって、周りから距離を置かれたりするんだよ。

人生の幸福度も、成功の大きさも、人間関係に大きく左右されます。

どんなに能力の高い人でも、人に嫌われたら幸せではいられないし、成功だって頭打ちになる。成功は、いろんな人の力を借りなきゃできないものだから、自分1人でがんばったって限界があるんです。

ヘンな話だけど、すごく業績のいい会社の社長さんなのに、なんだか頼りない人っていて（笑）。

だけど、よく観察するとわかる。その会社が栄えているのは、トップの人間性が抜群にいいんだよ。凡事徹底の能力がズバ抜けている。他の追随をゆるさないぐらい、当たり前を徹底してるんだよね。

威張らない。愛を出す。いつも笑顔で上気元。部下に余計な気を遣わせない。社員や取引先に感謝し、関わる人を大切にする。

こういうのがきちっとできている社長だから、周りが放っておかないの。社長に足りないところは、黙っていても部下がやってくれる。みんなが助けてくれるわけです。

仲間を大切にする社長ほど魅力的なものはないから、みんな、その会社で働けることを誇りに思うし、「もっと会社に貢献したい」と一生懸命に働いてくれるんだ。

この世界には、すごく大切なはずなのに、なぜかみんなが素通りしちゃうことがあるんです。成功のカギは、その、多くの人が見落としがちなことにどれだけ熱を注げるか。そこにかかっています。

この本で一人さんが提案する「だんだんよくなる未来は明るい」の神言葉にしてもそう。ただ唱えるだけという、誰にでもできる簡単なことだけど、言霊を疑う人は「そんなので成功するはずがない」「もっと難しいことをしなきゃ」とかって、いちばん大事な凡事を徹底しないわけです。

だから、成功の扉が開かないんだよね。


人生のすべては、波動で決まります。自分がどんな波動を出すかで、成功も豊かさも結果が違ってきます。


現に一人さんは、中学しか出ていないぐらいの勉強嫌いだけど(笑)、ハッキリ言って、最高学府を出た多くの人たちよりはるかに豊かで幸せなの。

で、なぜそんなことができたんですかって言うと、人に好かれ、ふつうでは考えられないぐらい、みんなの手助けを受けているからだよ。

そしてその背景には、言霊を活用するという凡事徹底があるんだ。

神様に好かれて奇跡が起きないはずがない

日本には、「八百万《やおよろず》の神」がいるとされます。神道《しんとう》の考えで、海や山、川、草花、空の雲、虹、雷……といった、自然界のあらゆる場所に神が宿ると思われてきたの。また、分《わ》け御霊《みたま》（神様に分け与えられた命）を持つ私たち人間や動物のなかにも、それぞれに神が存在します。自覚のあるなしに関係なく、あなたも私も、みんな神様なんだよね。

ここは、神の国です。

神様と言えば、全知全能の存在。神の手を借りれば、どんなことも現実にできるし、人間には思いもつかないような奇跡を起こせます。

神様を信じない人にはピンとこない話かもしれませんが、神様が大好きな一人さんに言わせると、この世界では、神の力を借りずして成功することはない。

だって、この世界をつくったのが神様なのだから。

欲しいものがあったら、それを売っている専門店へ買いに行くでしょ？　冷蔵庫が欲しいのに、スーパーへは行かないよな（笑）。

車の不具合は、メーカー（ディーラー）で直してもらうのがいちばんだろうし、家を建てたいのなら、自分の理想を叶えてくれるハウスメーカーに注文するよね。

それと同じで、**人生を改善したければ、この世界や、自分という人間をつくった神様にお願いするのが最適解なんです。**

神様に力を貸してもらうには、まず神様に好かれなきゃいけません。じゃあ、どうすれば神様に好かれる？

その答えは、自分が上気元でいることです。

神様の立場で考えたらわかるんだけど、宇宙の創造主である神様にしてみれば、この世界に感謝しながら楽しんでいる人、「もっといい世界にしたい」と貢献してくれる人が可愛いのは当たり前なの。

あなただって、自分が丹精込めてつくったものが、誰かに喜ばれたらすごくうれしいでしょ？「これを使って、もっと暮らしを豊かにします！」なんて言ってもらえたら、つくり手冥利《みょうり》に尽きるよな。

そんな気持ちは、神様だって同じです。

だから、神様が提供してくれるこの場所で、まずは笑うことだよ。この世界を楽しんで、いい波動を出しな。

そうすれば、あなたの楽しい波動、愛の波動で、周りの人も明るくなる。そうやって波紋のようにいい波動が広がると、世界に幸せな人が増えます。

まさに、神様の望む世界が出来上がるの。

こういう人は神様に好かれ、応援もしてもらえるようになる。神様に好かれて、奇跡が起きないことの方がおかしいんだ。

自分だけでなくご先祖様の魂まで磨かれるよ

お伝えしたように、「だんだんよくなる未来は明るい」の言葉には、神様に好かれ、ご加護がもらえる力があります。

さらに言うと、ご先祖様をも巻き込んで、神様とご先祖様の両方から後押ししてもらえるんだよ。

なぜかと言うと、いいエネルギーを宿す言葉を唱えると、自分の魂力が上がるだけでなく、先祖代々までさかのぼり、自分に関係する魂すべてが底上げされるからです。

古い時代を生きていたご先祖様のなかには、思うように魂を磨けなかった人がいるの。昔はいまみたいに自由がなく、長きにわたって滅私奉公《めっしほうこう》が当たり前だったから、自分を大切にしたくてもできなかったんだよ。

自分を笑わせることよりも、主君を大切にし、命を捧げていた時代があった。そんな時代に生まれ、満足に魂を磨くことができなかったご先祖様は、次の生まれ変わりをすごく楽しみにしています。

次こそ、魂を磨き上げるぞって、ワクワクしながらそのときを待っている（一人さんは、人の魂は不滅で、何度も生まれ変わると信じています）。

そしてそのときまでに、ちょっとでもあの世で魂レベルを上げられたら、それだけおトクでしょ？　いまのレベルが1だとして、あの世にいる間にそれを2にできたら、次に生まれたときは2のレベルからスタートできるじゃない。1からやり直すより、ずっと楽だよね。

そのお手伝いができるのが、子孫である、いまこの世界に生きる私たちです。

ご先祖様の魂とはソウルメイト（魂の仲間。つながっている魂）だから、あなたがこの世でレベルを上げたら、あなたの魂とつながっている、あの世のご先祖様まで魂が磨かれるんだ。

そうすると、ご先祖様はすごく喜ぶ。もっとあなたが魂磨きに精を出せるようにって、あの世からできることはなんだって協力してくれるわけです。

虫の知らせで正しい道へ導いてくれたり、天の知恵を直感で授けてくれたり。そんなのがいっぱい起きてくる。

神言葉は、この世とあの世を隔てることなく、その波動で光の旋風を巻き起こします。それだけのパワーがあるわけだから、この世においては、世界中どこの誰にでも波動を届けることができます。それこそ瞬時にね。

海外でも国内でも、離れた場所に住んでいる家族や仲間を思いながら、「だんだんよくなる未来は明るい」と唱えると、遠隔で波動を飛ばすことができます。知らない相手であっても、それは同じです。

世界平和を願いながら「だんだんよくなる未来は明るい」と言えば、世界中の人に愛の波動が届けられるんだ。


飛んで行った波動は、自分に起きるのと同じ効果があります。

だから、力になってあげたい人、助けてあげたい人がいる場合は、その相手を思いながら、神言葉で祈りを捧げるといいね。

あなたの送る波動でその人の心が癒され、明るく照らされるよ。

能登半島地震で言霊が起こした奇跡――

地球上に明るい波動を出す人が多くなればなるほど、その集合意識で地球も明るくなり、天国に近付きます。**長い歴史のなかで、少しずつよくなってきているのも、その時代、時代に、明るい波動を出し続けた人がいたからなんだよね。**

戦時中だろうがなんだろうが、口には出さなくても、明るさを失わなかった人は大勢いたはずだし、愛を出し続けた人がいた。

だから世界大戦も終わりを迎えたし、いまも戦争をしている国はあるけれど、かつてに比べたら戦争反対の声もたくさん上がっています。みんなで、なんとかして戦争を止めようとしているじゃない。戦争は戦争でも、昔とは大違いなの。

ニュースでは、日本が壊滅するほどの大災害が起きるとか、不安を煽《あお》るようなことが報じられることもあるけど、そんなことは起きません。神様は、もともと愛と光の存在です。そんな神様が、この世界を絶望で覆うようなことをするはずがないよ。

しかも、明るい波動の人がどんどん増え続けているいま、絶望一色になることはまずないと思っていいんです。

実際、2024年の元日に起きた能登半島地震でも、被害は最小限にとどまった。少なくとも、私はそう感じています。

もちろん、大勢が命を落とし、いまも不自由な生活を強《し》いられている人もたくさんいることには、一人さんも胸を痛めています。ただ、あれだけの大地震ながら、阪神・淡路大震災や東日本大震災などと比べても、被害が小さかったことは確かでしょう。

そんなことから、やはり私は、人々の祈りや明るい波動が、大難を中難に変えてくれたのだと思うのです。

これは広く報じられていることで、知っている人もいると思うけど、地震の際に、実は不思議なことがあったの。

能登半島の海岸線で、広範囲に地盤隆起が起きたんだって。海だった場所が、隆起によって陸になったんです。しかもその現象は、地震後わずか数秒で起きたのだとか。

これが「天然の防波堤」として機能したことから、地盤が隆起したエリアでは、津波の被害が抑えられたんじゃないかと見る専門家もいます。

このニュースを聞いたとき、一人さんは思ったよ。これは間違いなく、人々の祈りの力だなと。

明るい波動に包まれていると、大難が中難に、中難は小難に、そして小難は無難になります。今回の地震で、それが間違いなく真実であることを改めて感じました。

一人さん仲間で被災された方からは、こんな報告もありました。

「あまり地盤がよくない我が家の周りでは、半数ほどの家屋が損壊しました。そんななか、ありがたいことに、うちはほぼ被害がなく家族もみんな無事でいます。

家屋が損壊した人に聞くと、修理には百万円単位でお金がかかる見込みだそうです。なかには、1000万円を超える見積金額に、修繕を諦めたケースもあります。

また、地震後は市内のほとんどが断水しましたが、我が家は一度も断水しなかったのも奇跡です。親戚の家も、ご近所じゅうが2週間近く断水していたにもかかわらず、まったく断水しませんでした。

実は、私は地震のとき車で外出していたのですが、地震で道路が陥没し、地割れや液状化現象で大きな被害を受けたエリアを、地震の1時間前に走っていたばかり。〝もし、移動が1時間遅れていたら……〟と思うと恐ろしく、目に見えない力に助けていただいたのだと、本当に感謝しています」

ほかにも、「周りじゅうで火災が発生していたのに、奇跡的に我が家は火を免《まぬが》れた」といった奇跡を体験された方もいました。

大地震ですから、もちろんみんな大変な動揺があったと思います。でも、一人さん仲間の人たちは、いずれもパニックを起こすことなく、冷静に対応できたと言います。

こうした報告を聞くにつけ、思うのです。
波動が起こす奇跡は、まさに、人智をはるかに超えた「神ごと」なのだと。

地震の4か月前に浮かんだ不思議な予感

実を言うと、一人さんは何年も前から、「だんだんよくなる未来は明るい」という言葉をみんなにお伝えしてきました。もっと言うと、何十年も前から、この言葉に通じる話はしていたんだよね。

だけど、それを「だんだんよくなる未来は明るい」ゲームという形にして、本格的にお伝えし始めたのは、２０２３年9月です。正直な話、それ以前は、この言葉を１日１０００回、21日間唱えるといった考えはありませんでした。

それがなぜか、昨年9月に突如としてこう思ったの。

「〝だんだんよくなる未来は明るい〟を、もっともっとみんなに言ってもらおう」

そうして、「だんだんよくなる未来は明るい」ゲームが生まれたわけです。

当時は、「なぜ、いまなのか」ということや、どうしてそれまでと同じじゃダメなのかは、自分でもよくわかりませんでした。

ただ、「どうしてもやらなきゃ」という、予感めいたものがあったんだよね。

一人さんは、ふだんからほとんど直感で動きます。プライベートでも仕事でもそれは同じで、「今日は千葉へドライブに行こう」「お昼は天蕎麦がいいな」みたいな感じで、そのとき思い浮かんだ通りに生きています。

新製品の開発にしても、ドライブ中にパッと浮かんだ（降りてきた）アイデアで試作をお願いしてみると、すごくいい製品に出来上がってくるんだよね。

一人さんにとって、直感は「神の声」であり、その通りにすればぜんぶうまくいくという感覚。実際にその通りだから、いろんなひらめきに対して、いちいち理由を深く考えることはしません。

昨年9月に湧きあがった予感も、頭に浮かんだからやってみようって、軽く始めたことなんだよね。

そしたらやっぱり、「だんだんよくなる未来は明るい」ゲームは、いま必要なことだった。あのひらめきは、今年1月の地震に備え、「1人でも多くの人に神的波動になってもらうんだよ」という神の導きだったのだと思います。

なお、「だんだんよくなる未来は明るい」の言霊は、戦争や災害の被害を小さくするだけでなく、浮かばれない魂を浄化する働きもあります。

ですから、やってみようと思う方は、能登半島地震で亡くなった方の冥福《めいふく》を祈りながら、この神言葉を捧げてください。もちろん、東日本大震災をはじめとするさまざまな災害のほか、戦争、事故、病気で亡くなった人……といったあらゆる魂に捧げていいいし、それが鎮魂につながります。

ちなみに、なんとなく暗い印象を受ける場所は、過去にそこでよくないことがあった可能性があります。

そういうときは、その場で何回か「だんだんよくなる未来は明るい」と唱えることで浄化され、明るさが出てくると思いますよ。

神社を参拝するとき、お墓参りの際なども、「だんだんよくなる未来は明るい」で神様やご先祖様にも喜んでもらえますので、ぜひ、いろいろな場所で言ってみてくださいね。

第3章

うまくいかないのは「軽さ」が足りないから

圧倒的な自由があるから成功する

人の心、起きる現象、形あるものぜんぶそうだと思うけど、物事は見る角度によって違った印象になります。

たとえば、いまあなたの目の前に円筒《えんとう》があるとするじゃない。それを横から見たら、長方形なんだよね。ところが、上から見たら丸になる。

正面からは薄っぺらに感じられた四角でも、ちょっと斜めから見ると奥行きが出てきて、立体感のある形になります。

近くでかぐとキツくて嫌な香水も、距離を取ることで、いい香りに感じるようになったりさ。

この世界にあるものはどれも、それを眺める場所や時間軸によって、イメージや意

味が違って見えます。

自分では正しいに違いないと思い込んでいたことが、俯瞰《ふかん》すると間違っていたことに気付く。悪いことのように見えても、時を経てみると「成功のきっかけだった」と感謝できるようになる。そんなのは、よくある話です。

人間関係でも、不快な相手と少し距離を取るだけでストレスがなくなり、その相手と気楽に付き合えるようになるってことがあるんです。

数学なら、「1＋1＝2」という絶対的な答えがあるわけですが、全員にとって正誤がハッキリしているのは、この世のごく一部に過ぎません。ほとんどの場合、受け取る側の印象によって左右されます。

100人いれば、100通りの解釈がある。1つのことに対して何通りも考え方があっていいし、それが当たり前です。

このことを知らないでいると、起きた現象を柔軟に受け止められず、「こうするべき」「ねばならない」という狭い世界のなかで生きることになります。

それってすごく生きづらいし、苦しいよね。

その点、**「だんだんよくなる未来は明るい」という考えが自分の軸にあると、こんなに気がラクなことはない。**なにが起きようが、どんな方向へ進もうが、自分も人も、世の中も、みんなよくなると決まってるわけだからね。

圧倒的な心の自由が得られ、フットワークが軽くなるんです。そして身軽な人は、失敗して転んでも、すぐに立ち上がって次の挑戦ができます。

気がラクな人は余裕があって視野を広げられるから、正面突破が難しくても、横や後ろにチャンスがないだろうかって探すことにも考えが至る。

自分のことも、人のことも、限定的な一面だけを見て判断しなくなるので、新しい発見も多いし、得るものが大きいの。

だから成功するし、幸せにもなるんだ。

人の値打ちは「明るさ」で決まります

よく、「人生は顔に出る」と言われます。確かに、苦労の多い人はそういうのが顔に出て疲れた印象を受けることがあるし、幸せな人はやっぱり、肌つやもよくて幸せそうな顔をしているんだよね。

人の生きざまは、年を重ねるにつれ、その人の姿に表れてくるんだと思います。顔の造形とかじゃなく、にじみ出るものがあるというか。

ただし、それは客観的に大変な状況に見えるかどうかとは関係ない場合もあります。

はたから見たら大変そうでも、本人がその状況を楽しんでいるとか、学びに変えて明るい表情で乗り越えようとしている場合は、苦労顔になることはありません。

魅力を感じさせる、いい顔になると思います。

人生には、学びのための試練が出てくるものだし、それを避けることはできません。

唯一、それができるのは、試練に隠された学びをつかんだときです。そうじゃない限り、たまたま試練から逃げられたとしても、また同じようなことが起きてくる。何度でもね。

だから、試練は1回目でさっさと学んじゃった方が早い。そうすれば、もう二度と同じことで悩まされなくなります。

たとえ似たようなことがまた起きても、解決の仕方はもうわかっているわけだから、それによって苦労することはないんだよね。

苦労しているように見えてもいい顔の人は、そんなことがわかっているんだろうね。そして、「どうせ学ばなきゃいけないことなら、楽しく攻略するぞ」という気持ちだから、苦労に負けないんだと思います。

その点、一人さんに至っては、1個の問題が出てきたら、それを解決するだけじゃ気が済まない。**ただ解決するだけだと、ゼロに戻るだけでしょ？**　それだと自分がトクしないから、納得できないの（笑）。

問題解決するのは当たり前で、さらに10も20も自分にプラスになるように持っていくんだよ。そしてそれを、ゲームみたいに楽しむ。

その結果が、日本でいちばん税金を払えるぐらいの豊かさとか、いい仲間に恵まれるとか、そこにつながっているし、もう自分で言っちゃうけど、いい顔にもなってるんだと思います（笑）。

私はね、人の値打ちは「明るさ」で決まると思っているんです。

世の中の基準では、どれだけ成功しているか、お金を持っているか、地位や名誉があるか、みたいなことで人の値打ちが語られることも多いけど、一人さんにしてみれば、そんなものは人の値打ちとはいっさい関係ない。

私のことも、納税日本一だから尊敬すると言ってくれる人がいて、それはもちろんうれしいんだけど、私自身は、自分の価値はそこじゃないと思っています。

ちょっとほかにはいないだろうってぐらい、一人さんは明るい。そこが私のいちばんの魅力であり、最高の値打ちなんだ。

人は、成功したから「いい顔」になるわけじゃないよ。いい顔になるような明るさがあるから、成功だってするし、豊かにもなるんです。

そして、いい顔になりたいんだったら明るさを持つしかない。「だんだんよくなる未来は明るい」で、それが簡単にできるよ。

どんなに遊んでも遊び過ぎることはない

一人さんは社長だけど、会社に行くのは年に2〜3度。あとは、遊ぶことに集中する毎日です(笑)。

ふつうの感覚では、こういう人がいたら、「仕事もしないでどうしようもない」「遊びほうけて、後で痛い目に遭う」みたいに思われちゃうんだけど、私は遊びながらでも、ふつう以上に豊かで幸せなの。

痛い目？　そんなの遭ったこともないよ（笑）。

私は正真正銘、遊ぶことで幸せや成功をつかんできました。

一人さんのいちばんの仕事は、会社がしっかり黒字を出すようにすることです。

働いてくれる人たちにちゃんとお給料が払えて、うちの仕事に関わる会社にも、倒産の心配をさせない。

社長の仕事は、突き詰めるとこの一点なんだよね。

じゃあ、具体的にどんな仕事をしているんですかって言うと、ヒット商品を生み出す。みんなに喜ばれるようなアイデアを出す。これだけなの。

細かい事務作業なんかは、会社の人がしっかりやってくれるから、そこは安心してお任せしています。「みんなに喜ばれる会社」という軸がブレない限り、私は細かいことにいっさい口を出しません。

でね、商品のアイデアがひらめくのは、だいたいドライブ中なの。どういうわけか、車に揺られていると、ふわっと「あれとこれを混ぜてみよう」みたいな知恵が出てくるんだよね。

短距離のドライブだったり、長距離をドライブ旅行したり、いろんなパターンがあるけれど、私にとって「車で出かける」ことは最大の趣味というか、なによりの楽しみなの。車に乗ると、いつも以上に明るい気持ちになるし、ワクワクでテンションも上がります。

ようは、ドライブに出ると波動が爆上がりするんだね。だからきっと、アイデアも次々湧くんだと思います。

いい波動になればなるほど「天とつながるパイプが太くなる」みたいなイメージで、出てくる知恵もスゴいの。

そんなわけで、私はことのほか遊びを大事にしています。**遊べば遊ぶほど、仕事はうまくいくし、いいこともバンバン起きる。**

それを自分の人生で実証し続けているわけです。

一人さんは、常識に縛られている人に、「もっと遊んでいいんだよ」「遊んだ方が成功するからね」って言いたいんです。

楽しんで、明るい波動になりな。そうすれば運気も上がって、仕事でもなんでもうまくいく。間違いないんです。

いままで遊んでこなかった人は、遊ぶことに勇気がいるかもしれません。周りの目が気になったり、罪悪感が出てきたりしてさ。

そんなときこそ、言霊の出番だよ。「だんだんよくなる未来は明るい」って、何度も何度も唱えてごらん。きっと、遊びたくてたまらなくなるから（笑）。

ちょっと遊んだぐらいで、道を踏み外すことはありません。安心して遊びに出な。

一人さんの思う「大人になる」とは？

ある程度の年齢を重ねた人のなかには、「いい年して遊びまわるのはみっともない」「年齢相応に落ち着かないと」みたいな思いが強く、遊ぶことに強い抵抗を感じる人がいるんです。

そんな人に、一人さんは言いたい。

いい年して遊びの大切さも知らないのかい？　困った人だね（笑）。

もちろん、この言葉はあなたを否定するものじゃないし、馬鹿にしているわけでもありません。愛の言葉として受け止めてもらいたいの。

というか、そもそも私は、「いい年して」という言葉に違和感があります。大人になることを、落ち着きが出るものだと捉えることがまずおかしい。

一人さんの思う大人とは、肉体が疲れてくること。それだけだから（笑）。

つまり、落ち着いているように見える人は、単に疲れてるだけで、本当は落ち着いてるわけじゃない（笑）。遊びに興味を持つのがおかしいという理屈も通りません。

もちろん、これは一人さん流のジョークだけどさ（笑）。


常識に縛られない私は、なんでも楽しく解釈します。

なにせ、一人さんのモットーは「底抜けの明るさ」だから、明るい波動のためならなんだってするよ。徹底的に自分を楽しませる。

それこそ、いつも上気元でいることに命を懸けてるから、みんなが思いもよらない考え方ができるんだね。

ふつうの人は、自分の楽しませ方がまだまだ足りないんだと思います。


時々、頭の固い人が「電車のなかでいい大人がゲームばっかりやってて情けない」とかって言うの。

それのなにが情けないの？　一人さんは不思議でしょうがない。

一生懸命働いて、ゲームはそのご褒美《ほうび》なんだよ。その人にとっての大事な遊びだし、ゲームがあるから明日もがんばれる。社会にも貢献できる。

好きなことを持ってる人は心が健《すこ》やかで、家族にもやさしくなれます。

それを批判する人は、ゲームを取り上げて、家族に八つ当たりすればいいと思ってるのかね？　私に言わせると、そっちの方が情けない考えだよ。

車内でガンガン音を出すとかじゃないなら、なんの問題もないと思います。

散歩もゲームも、同じように素晴らしい趣味だよ。散歩の方が趣味としてレベルが高いなんてことはないんだ。

常識を重視する人のなかで自由に行動すると、確かに目立つことがあります。自分らしく生きると、周りから浮いてしまうんじゃないかって心配になるかもしれないね。

そういう人は、「だんだんよくなる未来は明るい」の言霊だよ。

これを唱えていると、面白いぐらい環境が変わってきます。周りにいる人が、入れ替わってくる。

いまは常識人ばかりに囲まれていても、あなたの波動が変わってくると、ごっそり明るい人と入れ替わります。常識なんて気にしない、自由で軽やかな、遊び好きな人たちに囲まれた人生になるんだよね。

そうすれば、もう周りから浮くこともありません。だって、みんなあなたと同じように軽いわけだからね。

ますます自由に、我が道を進めるようになりますよ。

明るいムードの人はどう転んでもうまくいく

波動は、ムードとしてその人からにじみ出ます。

明るい波動の人は、親しみを感じるようなムードとか、魅力的なムードをまとっていて、人を惹《ひ》きつけます。

その反対に、暗い波動の人は、陰湿なムードになって出ちゃうんだよね。

手前味噌で恐縮だけど、私はよく、こんなふうに言われるの。

「一人さんの言葉は、ほかの人とは温かみが全然違う」

「一人さんに〝ありがとう〟と言われると、ふつうの何倍もうれしい」

この理由が、まさにムードだと思うんだよ。


前にね、面白い質問をされたことがあって。

「世の中には、しょっちゅう人からご馳走《ちそう》してもらえる人がいれば、まったく奢《おご》ってもらえない人もいます。どうして、このような違いがあるのでしょうか?」


一般論で言えば、美人(男前)はご馳走してもらいやすいとか、そんなことが答えになりやすい。確かにそれはあるかもしれないけど、それだけだと説明がつかないケースもたくさんあるんです。

決して美形とは言えないのに、なぜかモテまくる。目上の人から可愛がられ、しょっちゅう贈り物をされたり、ご馳走してもらったり。そういう人っているの。

かと思うと、誰もが振り返るような美人（男前）なのに、意外とモテないとかさ。

やっぱり、ムードの問題なんです。顔の造形は関係ないんだよね。

まぶしいぐらい明るい波動が出ている人は、周りが放っておかない。「この人に使うお金は少しも惜しくない」「もっとなにかしてあげたい」と思われるの。

で、その人の「人間としての魅力」に惚《ほ》れ込んでいるから、へんてこりんな下心で見返りを求められるとか、面倒なことにもなりにくい。

というか、いい波動の人には、そもそも嫌なやつは寄ってこないからね。

明るいムードの人は、なにからなにまでトクすることばかりです。

波動がいいから悪いものは寄せ付けないし、もし出てきたとしても、魅力のある人は周りがすぐに助けてくれる。

どう転んでもうまくいくんだ。

真面目でチャラい。目指すはそこだよ

お正月の箱根駅伝で、近年「最強」と名を馳《は》せているのが青山学院大学です。聞けば、現在の原晋《はらすすむ》監督が就任する以前は、30年以上も予選すら通過できなかったんだって。このところの活躍からすると、信じられないぐらいだけど。

そんなチームが、世の中に最強と言わしめるに至ったのには、もちろんいくつもの理由があるんだろうけど、なかでも一人さんが大注目しているのは「軽さ」です。

駅伝ってさ、選手それぞれがものすごい重圧と闘ってるイメージがあると思います。

この常識を覆《くつがえ》したのが、青学なんだよね。

初優勝を遂げた2015年には、「ワクワク大作戦」と銘打ち、誰もがワクワクするレースをしようぜ、楽しもうぜって、ワクワクの渦をつくったの。

それまで、駅伝と言えば「死ぬ気で走ってこそ」みたいな厳しい世界で、実際、走り終えた選手が倒れ込んで起き上がれないシーンもよく見かけます。それぐらい消耗するんだよね。

ところが青学の選手ときたら、走り終えた後も余裕の表情で、すごく軽やかなの。

「あ〜、楽しかった！」みたいな笑顔でさ。

箱根駅伝に出られるぐらいなんだから、選手はみんな精鋭のはずです。どのチームが優勝してもおかしくないぐらいの、ものすごい実力の持ち主ばかりなんだよね。

じゃあ、そこで勝敗を決めるのはなにかと言うと、波動なの。

つまり心の持ち方であり、もっとも明るい波動の選手、チームに、勝利の女神は微笑《ほほえ》みます。

その点、青学はチームの指揮官である監督が、こんなことを言うぐらい軽い。

「青学のチームカラーは、どんなときでも笑いを取ろうとするところ」

「チャラいは、私たちにとって最高の褒め言葉」

そりゃあ、いつもチャラチャラしてたんじゃどうしようもないよ（笑）。けど、そもそも真面目に練習できる人たちだから、箱根駅伝に出られるわけでしょ？　青学の監督も選手も、ものすごい真面目なんだよ。

でもね、真面目なだけじゃダメなの。そこに明るさ、軽さのある人が、頭1個抜けるんだよね。

明るくて軽い人は、肩に力が入らないから、本番で100％の実力……いや、もしかしたらそれ以上の力を出し切れるし、その波動で神様もご先祖様もみんな味方につけちゃうんだよ。

そうやって最高の幸運をつかみ、優勝する。

最近だと、2024年のパリオリンピック出場を決めた全日本男子バレーボール代表のチームも、すごく強くなったと注目されているそうです。

そしてやっぱり、一部から「チャラチャラしている」といった声が出るぐらい、選手はみんな明るくてフレンドリーなんだって。感情表現が豊かで、いままでにないぐらいキャラが立ってるの。

だけどもちろん、みんな単なるチャラ男じゃない。ものすごく真面目で努力家じゃなきゃ、日本代表になれるはずがないでしょ？


真面目でチャラい。


これはまさに、一人さんが伝え続けてきたことに合致します。やっぱり「軽さ」が最強であることが、あちこちで証明されているんだ。

結果が出ない。思うようにいかない。そんな苦しみを抱えている人は、きっと真面目過ぎて軽さが足りないんだと思います。すでにがんばっているのに、まだ足りない、もっと努力しなきゃって、自分を追い込み過ぎなの。

でもね、結果が欲しい人ほど、心を明るく、軽くしなきゃいけない。理想通りの人生にしたいんだったら、まず波動から変えなきゃダメなんだ。

身の丈なんて気にせず高望みしな

身の丈に合った、という言葉があります。自分にふさわしい程度を知り、出過ぎた真似をしない、という意味なんだけど。分をわきまえる、身の程を知る、と言い換えることもできます。

みんながこの言葉をどう捉えているかわからないけど、

「身の丈に合ったことをするべきだ」

「身の丈に合った生き方が正しい」

そんな使い方をよく見かけるんです。

洋服でもなんでも、自分に合ってないと不快だから、言いたいことはわかります。

でも、一人さん自身は身の丈なんて考えたこともないんです。もちろん、人にそれを押し付けたこともありません。

というか、**身の丈なんて、いちいち意識する必要もないと思うんだよ。**そもそも、人は身の丈に合った生き方しかできないものだからね。

自分は自分でしかないし、いまの自分の実力以上にはなりようがない。

身の丈に合った生き方が正しいもなにも、それしかできないでしょ？　議論するまでもないよね。

跳び箱だって、跳ぶ前から「俺は何段跳べるだろう？」なんて考えても意味がないの。5段が自分の実力だと予想しても、やってみたら7段跳べることもあるだろうし、その反対に3段しか跳べない場合もある。

実際に跳んでみなきゃ、本当の実力はわかりません。

やる前から自分の身の丈を気にするのって、それと同じだよな。

いちいち身の丈なんて気にしなくたって、いまの自分が、身の丈そのものなんです。わかるかい？

でね、行動してみて自分の実力、身の丈がわかったからって、それが自分の限界だと決めつける必要もないんです。

練習すれば、跳び箱だって結果は変わります。はじめは5段の実力だったのが、1か月後には10段跳べるかもしれないよね。回数をこなせば、なんだって上達します。身の丈だって、生きていればどんどん変わるの。魂は、1日、また1日と成長し続けているわけだから。

身の丈に合った暮らしを……なんて思っても、1か月後には、身の丈そのものが違っちゃってるかもしれないよね（笑）。

世の中では、高望みは悪いことのように語られることが少なくありません。高望みを禁じるような風潮さえある。

だけど、高望みは少しも悪いことじゃないよ。むしろ一人さんは、高望みするべきだと思っているんです。それが自分の好きなことなら、なおさらね。

さっき言ったように、人は練習すればするほど成長します。そのとき、上を目指しながら挑戦する人は、成長のスピードも上がるんだよ。

なにも考えないでただ行動するより、そこに「上を目指す思い」が乗っかった方が、はるかに結果が出やすくなるものだと思います。

だから、高望みはした方がいい。

高望みしないのは、自分を小さな箱のなかに押し込めちゃうのと同じなの。目の前の現実しか見えない囲いのなかにいると、そのなかでしか成長できなくなります。

しかも、人間は成長するのが当たり前で、成長することに大きな喜びを感じるんだよ。なのにそれが妨げられると、途端に人生がつまらなくなり、苦しくなる。

高望みしたくない人は別だけど、そうじゃない人が高望みを禁じられるのは、自分を押さえつけられるだけなんだよね。

考えるべきは、身の丈ではありません。

自分がどう生きたいか。

いかにして、自分の好きな道を進むか。

ここなんです。そして、自分に合う道を見つけたら、そこでいくらでも高望みしたらいい。それこそ、欲しいものは一網打尽《いちもうだじん》に手に入れるぐらいにね。

好きなことには情熱が持てるし、のめり込んで研磨されます。

そこに、「上へ、もっと上へ」という欲――つまり、高望みが加わると、それこそあなたの最高の武器になって、きっとその道で大成するよ。

第4章

もうあれこれ付け足す必要はないんだ

人生は壮大な暇つぶし。それも楽しいね

17世紀のフランスに、パスカルという哲学者がいました。名前を聞いたことがある人もいると思うんだけど。

そのパスカルが残した言葉のなかに、こういうのがあるんです。

「人生は暇つぶし（気晴らし）」

それを、後世の人たちがさまざまな場面で伝えたんだよね。

パスカルの言葉には、たぶん深い意味があるんだと思います。ただ、私は詳しく知らないし、申し訳ないけど難しい話には興味がない（笑）。

それでも、「人生は暇つぶし」という言葉自体は興味深いの。この言葉からは楽しい印象を受けるし、パスカルは面白いことを言うなぁって。

常々言うことだけど、一人さんは、**生きることに対して心が軽くなるんだったら、なんでもアリ**だと思っているんです。

悩みの尽きない人は、深刻に考え過ぎなの。その人と同じことが一人さんに起きたとしても、私だったら「へぇ～」で受け流せるぐらいのことを、必要以上に重く受け止めて延々と引きずる。だから苦しいんだよ。

私は、その重さをなんとかして取り除いてあげたいわけです。

悩むのがダメなわけではありません。人間は悩むことがあって当たり前だし、そこから見えてくるものもあります。

だからと言って、それをいつまでも引きずってしまうと、波動を落としちゃうんだよ。そうすると、次もまた悩みになることが起きて、結局ずっと悩むことになる。

そういう負の連鎖を断ち切る方法、考え方を、一人さんはあの手この手でみんなにお伝えしているんです。

この本でご紹介している「だんだんよくなる未来は明るい」の言霊もその1つだ

し、パスカルの「人生は暇つぶし」という言葉も、そう考えて心が軽くなるのなら、いくらでも暇つぶしだと思えばいい。

一人さんは根っからの楽天家で、それこそ、魂の芯まで「だんだんよくなる未来は明るい」が染みついています。だから、ふつうの人なら悩みになりそうなことが出てきても、私はまったく悩みません。

なにかあっても、それが悩みに発展する前に解決しちゃうの。

だんだんよくなる未来は明るい。

どうせうまくいくのに、悩むことはないんだよ。暇つぶしの人生なんだから、もっと気楽にいこうぜ（笑）。

こういう軽さを持てば、生きることが格段にラクになります。自分次第で、人生はいくらでも変えられるんだ。

みんなにも、その面白さを知ってもらいたいです。

信じる人も信じない人も幸せになりな

パスカルの話になったので、もう1つ、神様の存在について語られた言葉をご紹介します。

神が存在するかしないかは、証明することはできない。

しかし、たとえ神が存在しないとしても、存在するという前提で生きた方が、自分が得られるメリットは大きい。

神がいると思えば、神に恥じない生き方をしようとする。そのこと自体が自分によい結果をもたらすため、神がいないとしても、自分のトクになるのだ。

これは「パスカルの賭け」と言われる考え方で、神様が存在する方に賭けた方がトクする、という話なんだけど。

一人さん自身は「神様は絶対にいる」と疑わないので、パスカルとはちょっと考えが違うの。ただ、パスカルの言いたいこともわかるんです。

世の中には、神様を信じる人もいれば、そうじゃない人もいる。信じる気持ち、信じられない気持ちが入り混じった人もいるからね。


私の実体験を言えば、神様を信じ、神様が望むような生き方をしてきたことで、みんなから教えを乞《こ》われるほど幸せになりました。しかも、笑っちゃうぐらい簡単にね。

それが、私が「神様はいる」と思う最大の理由です。

神様を肯定する材料は山ほどあるけど、否定につながる経験は、少なくとも私には1つもないんだよね。


じゃあ、神様を信じない人は幸せになれないのかって言うと、そんなことはない。

神様を信じるかどうかはそれぞれの自由だし、そのことで幸不幸が決まるわけではありません。信じられないものを、無理に信じる必要はないんだよね。

ただ、科学で神様の存在が証明できないのと同じように、神様がいないことの証明もできないんだよ。本当のところは誰にもわからないし、答えがない。

だとしたら、神様は存在するという前提で生きた方がトクする。少なくとも、損をすることはないよねって。そう言ってるのがパスカルなの。わかるかい？


結局のところ、一人さんとパスカルの言いたいことは同じです。

1人ひとり、自分に合った「幸せのコツ」を得ることで、みんなに笑ってもらいたい。この世界を楽しんで欲しいんだよね。

そしてみんなで、ここを天国にしようよって。

一人さんは、自分の教えが全員にぴったりはまるとは思っていません。一人さんの教えが合わない人だって、いて当たり前なんだよね。

だから、もし私のやり方が合わないなと感じた場合は、それこそパスカルだとか、ほかにも大勢いる精神論者や哲学者の考えをヒントにすればいいし、あなたが尊敬する人にアドバイスをもらってもいいと思うよ。

私は、あなたが幸せになれることならどんな考え方も大賛成だし、応援するからね。

花の咲かない厳冬にやるべきこと

たとえば、同じぐらい努力して、同じぐらいの実力をつけた2人がいるとします。

もし、この世界が「がんばった度合いで結果が変わる」「実力がモノを言う」のだとしたら、この2人は同じだけ成果を上げて、同等に出世しなきゃおかしいよね。

勉強だって、同じ偏差値の2人がいたら、どちらも合格か、あるいは2人とも不合格でなきゃおかしいってことになります。


ところが、現実には同レベルの実力でも、いっぽうは出世（合格）したのに、もういっぽうはうまくいかないってことがある。

うまくいかなかった方は、同じようにがんばってきたのに、なぜ自分だけうまくいかないのか納得できないと思います。「自分だって実力があるのに」みたいな気持ちになるよな。

そうやって恨んだり悲しんだりするなかで、「やっぱり自分はダメなんだ」「がんばりが足りない」という自分否定を始め、ますます花の咲かない、厳しい冬に入ってしまうわけです。

こういう人に、私は言いたいんです。

あなたはそのままで素晴らしい。これ以上がんばらなくてもいいんだよって。

ライバルが先に出世（合格）したのは、あなたの力が足りないせいじゃない。あなたの心が重かったことが原因なの。

肩の力を抜いて心を軽くすれば、あなたにも必ず明るい道が見えてきます。いい波動になれば、想像以上の成果が出せるかもしれません。

そのためには、未来を不安に思う気持ちを浄化したらいいんだよ。

あなたがいま、花の咲かない厳冬を過ごしているんだとしたら、やるべきことは努力や反省ではありません。「だんだんよくなる未来は明るい」という言葉の力を借りて、心を明るく、軽くすることだよ。

あなたが自力で心を軽くできるのなら、こうした言霊に頼る必要はないけれど、いま満たされてないってことは、それができてないんだよな。自分の心がどうにもならないから、苦しんでいるのだと思います。

だったら、言霊に助けてもらえばいいし、それがいちばん早い。「だんだんよくなる未来は明るい」で、明るい波動を出してごらん。

笑いの止まらない、最高に楽しい人生の幕が開くよ。

失敗なんかない。ぜんぶ「小さな成功」です

人は失敗するものです。躓《つまず》いたり、転んだり、あちこちぶつかったりしながら生き

ていくんだよね。

一人さんは、自分のことを「やることなすことぜんぶうまくいく」と言うけど、それは結果論であって、失敗そのものがないわけではありません。私だって、数えきれないぐらいの失敗をしてきた。

でも、多くの人が失敗で落ち込むのとは違って、私は失敗を失敗とも思わないんだよね。そのすべてを、成功だと受け止めるの。だから結果的に失敗がない。

1回やって思うような結果になるんだったら、誰も苦労しないよな。起業して、いきなり最初から軌道に乗せるのは難しい。

運よく最初からうまくいくこともあるだろうけど、いずれどこかで壁は出てくる。売上が停滞したり、問題が起きたり。試練のない人生はありません。

でもね、失敗があるから人は知恵を出すし、「こういうやり方ではダメなんだな」と知ることもできます。人の親切や愛だって、苦しいときほど見えやすい。

こういう学びで魂は磨かれるし、レベルアップして壁を乗り越えるんだよね。そしてその先には、いまより幸せで、豊かな別のステージが待っている。

新しい世界が始まるの。

そう思うと、成功の前に経験した失敗は、ある意味、どれも成功と言えます。失敗という小さな成功によって、1つひとつ「こうすればいい」「あれはやめよう」という経験や知識を積み上げ、やがて大きな成功に結びつくわけだからね。

しかも、壁というのは出てくるたびに薄く、低くなってくるものです。

最初はそびえ立つ高い壁に見えても、経験値が上がってくると、次に出てきた壁は大したことがないように感じられるんだよ。実際、簡単にクリアできちゃうの。

竹には、たくさんの節があるでしょ？　あれと同じです。根元の節は年月を経て堅くなっているけれど、上になればなるほど、できたての若い節で柔らかい。

いちばん下の節さえ抜いちゃえば、次は最初より少し楽になるし、その次の節はさらに柔らかい。上の方になると、それこそ力なんて入れなくてもスルッと抜けるの。

つまり、たくさんの失敗（小さな成功）を積み重ねてきた人は、問題が出てきてもたちまち解決できるわけです。仕事でも勉強でも、ぜんぶ同じだよ。

でね、**問題解決のいちばんのコツはなんですかって言うと、「軽さ」です。明るい未来を信じ、軽～く挑んだ人がうまくいく。**

空手の瓦割りでも、肩の力を抜かなきゃいけないんだよね。力み過ぎると、拳《こぶし》を振り下ろすときにブレて瓦が割れないばかりか、手を痛めちゃうこともある。

もちろん実力は大事ですが、力を抜かないと、せっかくの実力もうまく発揮できないんだ。

人生もね、へんてこりんな思い込みでガチガチになっていると、うまくいくものだってうまくいきません。まずは、必要以上に背負《しょ》い込んでいる肩の荷を下ろさなきゃダメなんです。「こうするべき」「ねばならない」という思考や、疑いもしなかった常識、責任感、失敗への恐怖心……みたいなものをね。

あれこれ付け足す必要はありません。付け足すのではなく、「余計なものを削《そ》ぎ落とす」ことが大事なんだよね。

身軽になれば、冬の間に丸裸になってしまった木々だって、新芽が芽吹《めぶ》きます。あなたの人生に春風が吹き込む。

あとは、その風に身をまかせていたらいいよ。それでうまくいく、未来はどこまでも明るいんだ。

真剣と深刻を履き違えちゃダメだよ

一人さんはいつも軽く、悩むことがありません。問題が起きても、次の瞬間にはもう解決しちゃってるのがふつうです。

真剣になるような場面でも、私の軽さはまったく変わらないんだよね。

人間関係においても軽やかで、人によって態度を変えることもない。相手が国のトップだろうが、友達だろうが、子どもだろうが、誰に対しても同じように上気元だし、相手が不快に感じるようなことはしません。

そうすると、よく「一人さんは怒ることがないんですか？」なんて聞かれるの。

はい、その通りです（笑）。正確に言うと、自分のことでは怒ることがないんです。

大事な仲間の誰かが理不尽な攻撃を受けたとか、そういうことがあれば烈火のごとく怒ると思います。絶対に黙っちゃいない。

とはいえ、仲間たちもそれぞれに明るい波動を出しているし、もちろん一人さん自身も最高の波動だからね。怒らなきゃいけないような現実は、まず起きません。


それと、さっき「真剣になっても軽い」と言ったんだけど。

たとえば、家族や親友といった、自分の大切な人が大きな問題に直面したとします。

そんなときにありがちなのが、相手の波動に引きずられることなの。自分までパニックになったり、深刻に悩んだり。

一見、相手の気持ちに寄り添っているんだけど、それは違います。

ただでさえ相手の波動は落ちているのに、あなたまで波動を暗くしちゃうと、負の連鎖が起きちゃうの。相手のためになるどころか、ますます状況を悪化させかねないわけです。

大切な人が悩んでいたら、不安になるのはわかります。でもね、力になりたいと強く思うなら、あなただけは心を軽くしなきゃいけないよ。

いい知恵を出そうと真剣に考えるのはいいけど、「真剣」と「深刻」は全然違うものです。真剣は軽い気持ちでもなれるけど、深刻は気持ちが落ちる。この2つを履き違えちゃダメなんだ。

深刻になったからって、いい知恵は浮かびません。深刻な人から出てくるのは、やっぱり重い考えばかりなの。

その反対に、明るい波動で軽やかな人は、アイデアを絞り出そうとしなくたって、天の方から勝手に授けてくれるんだよ。神様からご先祖様から、あらゆる存在が味方してくれて、それこそ「これだ！」って名案が浮かびます。

困ったときほど、深刻になってはいけないよ。

このことを忘れず、いつも軽やかでいてください。

楽しんでないから燃え尽きてしまう

たまに、「がんばり過ぎて燃え尽きた」と言う人がいます。

一人さんが思うに、こういう人は、がんばっているときに楽しさが足りなかったんだろうね。間違った方向を目指していたり、真面目過ぎてガチガチに力が入っていたりしたんじゃないかな。

真面目過ぎる人って、暇があると「ぼんやりしてていいのかな？」みたいな不安が出てくる。忙しくなれば、今度は「時間に追われ、大事なことを見落としていないだろうか」とかって、常に自分に疑問を持ってしまうんです。

完璧を求めるあまり、安心できないの。

でもね、暇だろうが忙しかろうが、そんなことは人生の充実度とはあまり関係なくて、すべては自分の心です。

軽い気持ちで人生を楽しんでいれば、どんな状況でも満たされるはずなんだよ。それに、気持ちにゆとりのある人は、暇なときも忙しいときもありながら、だんだんよくなるものだと思える。

暇過ぎて楽しくないとか、忙しいから楽しめないと言う人がいるけど、楽しめないのは、心がどよ～んと重いのが原因です。

スカッと晴れやかな気持ちでいたら、視野が広がるし、いろんなことに興味が向く。そのなかで、自分の好きなものを見つけて楽しみ出すんだよ。

好きなことをする。好きなものに囲まれる。そんな「好き」でいっぱいの暮らしをしている人は、いくら忙しくても楽しさを忘れないし、それこそ暇ができたら大喜びで遊びに精を出すだろう（笑）。

たとえば、一人さんはドライブが大好きで、毎日と言っていいぐらいドライブに出かけます。そんな生活を何十年としてきたけど、ドライブに飽きたことがないの。

もうやり切ったとか、日本じゅう回って燃え尽きたとか、そんな気持ちはいっさいありません。ドライブで大忙しになったとしても、疲れることはないし、楽しいばかりで苦にならないだろう。

その理由は、私が大のドライブ好きで、それを心から楽しんでいるからです。なにより、一人さんは誰よりも気持ちが軽いからね。

という話をすると、趣味と仕事は違うって言う人もいると思うんだけど、仕事をいかに楽しむかってことも、また心の持ちようだからね。

そして、社長の一人さんが会社に行かなくても黒字経営であり続ける会社が出来上がったのも、元をたどれば波動の力なんです。

好きな仕事をしている人は、楽しく仕事にのめり込んで成功します。だけど、その仕事に巡り合えるかどうか、そして理想の働き方にもっていけるかどうかは、すべて波動によるものです。

ぜんぶつながってるんだよね。

じゃあ、いま好きな仕事ができてない人はどうしたらいいんですかって言うとね。まず、自分の仕事が嫌でしょうがないんだったら、それはあなたに向かない仕事だと思うから、もっと楽しめる仕事を探せばいい。それこそ、「だんだんよくなる未来は明るい」の言霊で心を整えながら動けば、きっと最高の仕事が見つかると思うよ。

転職したくない場合は、いまの会社で楽しく働けるような知恵を出したらいいんです。営業の人は、ゲームみたいに成績アップの攻略法を考えるとかさ。

それもやっぱり、「だんだんよくなる未来は明るい」と唱えていれば、天の知恵が降りてくると思いますよ。

楽しんでいれば、どんなにがんばっても燃え尽きることはありません。肩の荷を下ろして軽くなればどこへでも行けるし、どこまで歩いても疲れないよ。

真面目なあなたも素敵だけど、そこに軽さが加わると、さらに魅力が増します。ますます明るい未来が訪れるだろうね。

「お互い様」の意識を持っているかい？

ある人が、こんな話をしてくれました。

仕事相手のなかに、少々いい加減な人がいます。〝これをお願いします〟と5つ頼んでも、なぜか3つか4つしか出来上がってこない。しかも、仕上げたものもクオリティが低く、何度も修正依頼を出したり、指示を出したりするハメに……。

さすがにイライラし、ハッキリ苦情を言おうか悩みました。

が、ふと「こんなとき、一人さんだったらどうするかな？」と頭に浮かび。

忙しくしていれば、誰だってミスはあるものだから。そんな気持ちになり、苦情を言いたい気持ちを脇に置きました。

そうしたら、その直後に自分が痛恨のミス！　別の仕事相手に、迷惑をかけてしまったのです。しかも、ミスのフォローと謝罪をしたところ、先方からは責める言葉などいっさいなく、とても大人な対応をしていただいて……。

お互い様のやさしい気持ちで、この世界は成り立っている。いい人間関係は、愛の土台があってこそ。一連の出来事で、改めてそのことを痛感しました。

いままで、一人さんのいろいろな教えを実践してきましたが、私のなかで最大の学びは「心を軽くする」ことです。軽さを忘れずにいると、人の失敗を軽く受け流せるし、自分が間違えたときもすぐに謝れます。

以前は人に厳しいいっぽう、自分のミスには甘いというか、「いかに責任逃れをするか」みたいなことに意識が向いていたように思います。愛がなかったんです。

でも、いまは心が軽くなったおかげで、人間関係が信じられないぐらいよくなり、とても生きやすくなりました。

愛を気にかけたこともない人は、こういう話を聞くと「働きの悪い相手には、さっさとクレームを入れたらいいのに」なんて思うかもしれない。確かに、場合によってはそれが必要なときもあるだろう。

だけど、相手には相手の事情があるんだよ。そして、そもそも人間は、誰だってミスをするものです。

相手の立場で考え、理解し、愛を持って対応する。

どんなときも、愛が大事なんだよね。

こちらが愛を出せば、相手にはそれが伝わり、お説教なんてしなくても相手は自分から学ぼうとしてくれるの。

愛をもらえば、自分も愛を返したくなる。それが人の本質だからね。

一人さんの教えは、こういう日常のためにあります。決して、大げさな気付きを得てもらいたいとか、そういうことじゃないんだよね。

ただ、**確かなことは「日常が未来をつくる」ということ。**

いまここが不幸なのに、なぜか未来はうまくいくなんてことはありえません。

明るい未来にしたかったら、いまここで明るい波動になるしかないよ。

望む現実が出てこないときはこう考えな

言霊はすごく強力で、恋人が欲しい、結婚したいと思っている人が「だんだんよくなる未来は明るい」の神言葉を唱えていると、本当に望んだ現実がもたらされます。

ところが、いくら「だんだんよくなる未来は明るい」と唱えても、その意識が深く腑に落ちていても、望んだ現実が出てこないケースもあって。

それはどういうときかと言うと、いまは恋人がいない方がいいとか、結婚しない方がうまくいく、みたいな理由がある場合です。恋人や家族ができることで苦労するとか、そのせいで思い切って夢に挑戦できなくなるとか。

人それぞれ理由は違うけど、その人にとって明るい未来にならない場合は、いくら望んでも出てこないの。

ただ、代わりに別の出来事が起きます。あなたが幸せになれる、いまのあなたにいちばんふさわしい現実が出てくるんだよね。

仕事でキャリアを築いたり、世界一周旅行の夢を叶えたり、なにかはわからないけど、とにかくあなたにとって最高に幸せな道に導かれます。

だから、**恋人ができなくても人を羨ましがらなくていいし、家庭のある人を妬《ねた》まないことだよ。あなたに出てきた現実のなかで、思い切り楽しめばいいんだ。**

で、そうするうちに、思いがけず気の合う素敵な相手に巡り会い、恋人ができるとか、さらには結婚に至ることもあると思います。

でね、これはちょっと話がそれるけど、よく「耳の痛い話ほど聞くべきだ」とかって言われるんです。そしてそれをいいことに、人の弱みを突いてお節介をしてくる人がいて。

さっきの話で言えば、未婚の人に「まだ結婚しないの？」「仕事ばかりしてるから、いい人に出会えないんだよ」みたいな嫌みを言うわけだ。その指摘を聞き入れないと、「耳の痛い話ほど聞いた方がいいぞ」なんて押し付けてくるんです。迷惑な話だよな。

ハッキリ言うけど、耳の痛い話がどうのこうのって、なんの意味もありません。意味がないどころか、人の心を傷つける害悪でしかないんだよ。


こういうのに惑わされちゃダメだよ。いくら口では「あなたのことを思って言うけど」なんて言っても、自分の考えを押し付けるのは愛がない。あなたのため、というのも本心のはずがありません。

もし一人さんの前にこういう人が出てきたら、「ウソばっか言ってんじゃないよ」って一刀両断だね（笑）。

お節介な人は、自己肯定感が低いの。自分に自信がなくて不安だから、人を落とすことで、自分の存在価値を証明したいんだろうね。

それにいちいち付き合っちゃいけない。まともに取り合わないことだよ。

あなたの明るい未来をつくるのは、人のお節介ではなく、あなた自身の波動です。

嫌なやつとは一刻も早く離れるべきだし、もし事情があって離れられないのなら、なにか言われても聞いてるフリして受け流せばいいんだ（笑）。

第5章

もっと教えて一人さん「だんだんよくなる未来は明るい」Q&A

外国語にも日本語と同じ言霊があるの？

Q　外国人の場合、その人の母国語で「だんだんよくなる未来は明るい」という意味の言葉を唱えたら、日本語と同じように言霊パワーがもらえますか？

【一人さんの回答】

私の周りに外国の人がいないので、ごめんなさいだけど、このご質問には答えられません。実例がないと、どちらとも言えないんだよね。

だけど、波動はこの宇宙に共通するもので、日本も外国もありません。日本語だけでなく、外国語にも波動はあるし、もっと言えば動物や虫の鳴き声にも波動は宿ります。

その観点から言えば、外国語で「だんだんよくなる未来は明るい」を意味する言葉を唱えても、そこには日本語と同じように言霊があるのではないかという推測はできます。

外国語にも、いい言葉や悪い言葉があるよね。そして、いい言葉をかけられたらうれしいし、悪口を言われたら不快になる。

英語圏の人だったら、「ビューティフル」「ナイス！」なんて言われると笑顔になるじゃない。その反対に、暴言を吐かれたら傷つくし、怒りだって湧くだろう。

こういうのは、国籍や民族に関係なく、みんな同じでしょ？

どの国の言葉にも、人の感情を動かす波動がある。言霊はあるんだよ。

ただ、はじめに言ったように、私は外国人の体験談を聞いたことがないし、実験みたいなこともしていないから、本当のところはわかりません。

これもいい機会なので、外国の方で、その人の母国語で「だんだんよくなる未来は明るい」の旅に挑戦してくれる方がいたら、その結果をぜひ教えてください。

自由に楽しむことがいちばん大事だよ

Q　どんなときに「だんだんよくなる未来は明るい」と唱えるのがベストですか？

【一人さんの回答】

お勧めのタイミングは、特にありません。

波動というのは、いつ、どこでアプローチしても、簡単に変えられるものです。あなたの唱えたいときに、好きな回数を言えばいいですよ。

自由に楽しむことが大切だし、それがいちばん効果的だからね。

むしろ、「寝起きに５００回、就寝前に５００回」みたいなルールをつくっちゃうと、それに縛られて苦しくなると思うんだよ。

人には気分もあるし、いつも同じタイミングで時間が取れるとは限らないでしょ？　無理をすれば、必ずストレスになります。心を軽くするための言霊なのに、それを唱えること自体に気を重くしてたんじゃ本末転倒だよな。

あとね、きっちり回数を数えなきゃいけないと思って、カウンター（数取器《かずとりき》）まで使って真面目に計測する人がいるんだけど。そんなに厳密じゃなくていいですよ（笑）。

第2章でお伝えした通り、だいたい１００回言うのに3分が目安。１日にトータル30分言えば１０００回になる、ぐらいの数え方で十分です。

回数が重要なのではなく、「だんだんよくなる未来は明るい」の意識がどれだけ自分に落とし込めるか。そこが大事なんだよね。

１０００回を21日間唱えても、まだなんとなく満たされないようなら、２ラウンド目に挑戦するのもいい。自分なりに調整してください。

そのうえで、1つだけお勧めがあるとしたら、「心が乱されたとき」だろうね。

嫌なこと、悲しいことがあると、心はいっきにズドンと落ち込みます。なにもしないでいると、そのままズルズルと暗闇に飲み込まれてしまうこともあるんです。

でも、そういうときに神言葉をぶつけると、言霊の光で闇を切り裂くことができるの。沈みそうになる心を、明るい方へ引っ張り上げてくれるんだ。

つらいときには、1日1000回どころか、2000回でも3000回でも、心のモヤが晴れるまで言うといいね。神言葉には、唱え過ぎということがないから。

あとは、それぞれの自由でいいですよ。

朝いちばんに唱えると、1日が気持ちよくスタートできる人。

仕事の合間につぶやくのが好きな人。

夜寝る前に言うと、スッキリして快眠につながる人。

同じことでも、感じ方は十人十色。いろいろなタイミングで試しながら、自分にいちばん合うスタイルを探すといいですよ。

動物や植物も明るい波動で元気になる

Q 「だんだんよくなる未来は明るい」の言葉を、動物や植物に聞かせてあげてもいいですか？

【一人さんの回答】

もちろん、いいですよ。ペットを飼っている方、植物を育てている方は、ぜひ聞かせてあげてください。1日1000回のうち、たとえば200回は動物や植物のそばで唱えるとか、そういうやり方でも問題ありません。

この世界のすべては、波動でつくられています。いい言霊をシャワーのように注いであげたら、動物や植物もきっと元気になると思いますよ。

もちろん、唱える人の波動によってパワーは違うでしょうし、受け取る側の動物や植物の状態にも、結果は左右されます。ケースバイケースで、自分の思うような結果が得られるとは限りません。

ただ、一人さんのところには次のようなエピソードが寄せられています。

「〝だんだんよくなる未来は明るい〟の神言葉を唱えると、ふだん神経質なペットが、安心しきった様子ですやすや眠ります」

「滅多に甘えてこない猫ちゃんが、YouTubeで〝だんだんよくなる未来は明るい〟ゲームが始まると、ピョンと膝に乗ってきます♡」

また、過去に一人さんがお伝えした言霊の体験談には、「いまにも死にそうだった愛犬が、奇跡の回復で元気になりました！」といった報告もあるんだよね。

みんなに同じような効果があるわけじゃないけど、少なくとも、「だんだんよくなる未来は明るい」の言霊で動物や植物の寿命が短くなるとか、元気がなくなるといった悪い副作用はありません。

その点は心配せず、無理のない範囲で聞かせてあげるといいね。

この世の真実はすべて神様が教えてくれた

Q　一人さんが「自分もほかの人も、みんなだんだんよくなる。この世界の未来は絶対に明るい」とハッキリ実感したのは、いつ頃、どんなことがきっかけですか？

【一人さんの回答】

私は、子どものときから「だんだんよくなる未来は明るい」が当たり前の前提で生きています。

朝になれば目が覚める、夜になったら眠くなる、みたいなことと同じぐらいにね。

で、なにがきっかけでそう思うようになったのか……ということの詳細は、秘密にしておきたいと思います（笑）。

これは信じたい人だけが信じてくれたらいいんだけど、私は小さいときから、頻繁に不思議な体験をしているんです。

簡単に言うと、宇宙の法則だとか、この世の仕組みといった大事なことを、ぜんぶ神様が教えてくれたの。

だんだんよくなる未来は明るい。それがこの世の真実であることも、その1つです。

こういうことを細かく追究しても、それがいい効果につながるわけではないし、なにより一人さん自身、みんなが納得できるような説明がうまくできないんです。

そんなわけで、この程度に留めますね。

とにかく軽い気持ちで、「だんだんよくなる未来は明るい」ということを信じてもらえたら、それで十分なんだ。

大変なのは「習慣化」するまでだよ

Q「だんだんよくなる未来は明るい」の神言葉を言い続けられない場合は、どうしたらいいですか？

【一人さんの回答】

そうだなぁ……一人さんの周りにはそういう人がいないから、ズバリこうした方がいいですよってことは言えないんだけど。

たぶん、言い続けられない人の大多数は、飽きちゃったとか、めんどくさいとか、そういう理由だと思うんです（笑）。「やろうと思ったけど、忙しくて時間がない」とかね。

じゃあ聞くけど、忙しいからって、あなたはお風呂に入らないのかい？　歯磨きに飽きちゃったら、どうしてるの？

ひょっとしたら、なかには「お風呂は入りません」「歯も磨きません」とかって人がいるかもしれないけど（笑）、ほとんどの人はちゃんとできてると思います。

なぜ、入浴や歯磨きはできるのか。それは、不潔で気持ち悪い、嫌なニオイがして周りに迷惑をかける、体に不調を起こす、みたいなのがあるからだよね。

もっと言うと、人間らしい暮らしをするため、自分を不幸にしないための、「習慣」になっているわけです。わかるかい？

それと同じで、「だんだんよくなる未来は明るい」と唱えるのも、習慣になるまでが勝負。初めてのことは、いままでやってなかったわけだから、手間に感じるのは当たり前です。めんどくさいよな（笑）。

だけど、**やれば必ず慣れます。言い換えると、踏ん張りが必要なのは最初だけなの。**

で、いい感じに慣れて、言霊の効果も感じやすくなるのが「1日1000回、21日間」という目安なんだ。

１日１０００回、21日間の旅を達成したら、あとはもう、それほどがんばる必要はありません。

ダイエットでも、最初にしっかり体が絞れるまでは、食事制限や運動をしっかりするでしょ？　その間は、けっこうしんどい。

でも、いったんダイエットに成功してしまえば、あとはあまり無理をせず、リバウンドしない程度に気をつけたらいいよね。一生、ハードなダイエットをし続けなきゃいけないってわけじゃない。

そんな感じで、「だんだんよくなる未来は明るい」の旅を達成した後は、２〜３日おきに１００回唱えるとか、その程度でも十分だと思いますよ。

とにかく、まずは慣れることに一点集中だよ。

そしてそのために、１日１０００回、21日間というのを、あまり大げさに受け止めないことです。気合いを入れ過ぎちゃうと、すぐに疲れて続かなくなるからね。

1日1000回が難しければ、100回でも200回でもいい。自分なりの方法で、気楽に継続してください。

自分が輝ける場所では心がふわっとする

Q　自分の居場所がわからない人でも、「だんだんよくなる未来は明るい」と唱えていると、自分が輝ける場所が見つかりますか？

【一人さんの回答】

波動がよくなれば、当然、自分が輝ける場所も見つかるでしょう。

ちなみに一人さんの場合は、そういう場所が見つかると、心がふわっとあたたかくなるんです。そのサインに従って前に進んだら、本当に自分の輝きが増してうまくいきました。

ただし、「だんだんよくなる未来は明るい」と唱えたからって、すぐにベストな環境が見つかるかどうかはわかりません。

こういうのも人それぞれで、**なかなか思うような場所にたどり着けない場合は、きっと回り道をすることでなにか学びがあるんだね。**いまいる場所で、もっと研鑽《けんさん》を積んだ方がいいってことかもしれません。

そんなふうに、出てくる現実には必ず意味があります。だから、望み通りにならないときでも、そこに隠された学びを探しに行くぐらいの好奇心を持って挑戦できるといいですね。

いずれにせよ、言霊で悪い人生になることはありません。

どんな状況でも、唱え続けていれば絶対うまくいく。そこは安心していただきたいと思います。

椅子取りゲームの世界じゃないんです

Q「この世界で成功できる人数は決まっていて、その椅子取りゲームに勝った人だけが豊かになれる」と言う人がいます。「だんだんよくなる未来は明るい」の心で楽しくがんばっている人でも、椅子取りゲームに負けて幸せになれないことはありますか？

【一人さんの回答】

この世界が幸せの椅子取りゲームだなんて、誰が言ったんだい？　そんなのは真っ赤なウソで、絶対にありえません。

あなたの周りに「椅子取りゲームで負けたから幸せになれない」と言う人がいるのなら、その人の心が問題なんです。不幸なのは、椅子取りゲームに負けたからじゃなく、本人が明るい波動を出してないからだよ。

はなから「幸せになれる人数は決まっている」みたいな考えだから、本当にそんな世界が現れたんだと思います。

この宇宙を動かす絶対的な法則は、「すべては波動で決まる」ということだけです。波動がいいのにうまくいかない、なんてことはありえないし、ほかの人がどう言おうが関係ない。

あなただけは、安心して明るい波動を出し続けるんだよ。

それとね、この世界は椅子取りゲームだとか言う人に神言葉を教えてあげても、まったく信じてもらえないことがあるの。興味を持たないどころか、へんてこりんなものを押し付けられたと勘違いして、攻撃してくるかもしれません。

でも、そこで「なぜわかってくれないの？」なんて落ち込む必要はないからね。目に見えないものを、無理に理解してもらおうとしちゃダメなの。

こういう人は、神様を信じないことでどうなるか、いま実験してるんだよ。身をもって体験し、その結果「目に見えないものも大事だなぁ」と学べば、やがて自然と関心を持つようになる。

どんなガンコな人でも、あと100回ぐらい生まれ変われば、そういうときが来るんじゃないかな（笑）。

世界はだんだんよくなる。どこまでも明るい

Q 最近の日本の政治や経済状況を見ていると、本当にだんだんよくなっているのか、不安になることがあります……。

【一人さんの回答】

確かに、ニュースを見るといろいろな問題が飛び交っていて、なかには悪い内容もある。

でもね、悪く見えても、その問題の本質は「だんだんよくなる未来は明るい」だよ。

ある意味膿《う》み出《だ》しというか、だんだんよくなるために起きている現象なの。見た目通りに「悪い予兆だ」とか言う人もいるけど、そうじゃないんです。

だんだんよくなる未来は明るい。

これが宇宙の真実です。日本も世界も、必ずよくなる。明るい方へ向かっています。

と思って、あなただけでも安心の波動を出し続けな。それが、ますます明るい世界につながるからね。

いつも言いますが、魂の年齢は、若い人の方が上です。

魂レベルは、大人よりも子どもの方がはるかに高く、そしてこれから生まれてくる赤ちゃんは、さらにその上をいく。

いままで世界の舵《かじ》を取ってきた人より、次世代の人の方が、神様に近い魂を持っています。そのことは、昔の人よりずっとしっかりしているいまの若い人たちを見ても、大納得だと思います。

世代交代というのは、「だんだんよくなる未来は明るい」のすごくわかりやすい現象なんだね。

だから心配ありません。いま起きている難しい問題も、次世代の人たちが知恵を出し合い、うまく解決してくれる。必ず、いまより明るい世界をつくってくれます。

じゃあ、人生を重ねた自分たちは、もうなにもできない存在なんですかって言うと、それも違います。

「だんだんよくなる未来は明るい」

この神言葉で、1人でも多くの人が明るい波動になれば、それがますます明るい世界に拍車をかけるの。**あなたには、あなたにしか出せない知恵が出てくるし、若い世代の人たちも、いっそう明るい知恵が出しやすくなる。**

老いも若きも、男も女も関係なく、ともに知恵を出し合い、それぞれに高め合える未来がつくり上げられるんだ。

第6章

「だんだんよくなる未来は明るい」奇跡の体験談

5年間引きこもりの息子に起きたミラクル

40代女性

我が家には、16歳の息子がいます。発達障害があり、音や匂いに敏感、人と話すのが苦手、人混みが恐い……といった個性があり、集団生活になかなか馴染《なじ》めないところがあります。小学5年生から不登校で、中学もほぼ行かないまま、家で過ごす日々を送ってきました。

最初は心配もありましたが、一人さんの教えと出合ってからは、「母親の自分が、まず遊んで楽しむこと」の大切さを知り、息子にも「そのままで大丈夫」と伝えながら過ごしています。

息子は自宅警備員（引きこもり）ではありますが、おかげさまで家ではよく笑い、踊り（笑）、家族との会話もたくさんあります。趣味の絵を1日じゅう描き、いつも上気元なんです。

そんな息子に奇跡が起きたのは、「だんだんよくなる未来は明るい」の旅が3巡目に入った、2024年のお正月のことです。

ひょんなことから息子が地元の友達と連絡を取り合うことになり、なんとその友達が、「ショッピングセンターで遊ばない？」と息子を誘ってくれたのです。

息子は、人の多い場所が大の苦手。小さい頃から、ショッピングセンターに行くと青ざめ、耳をふさいで「帰りたい、帰りたい……」と震えていました。しかも、5年も自宅警備員だったわけで、息子から「友達と遊ぶ約束した〜」と聞いたときは、腰を抜かすほど驚きました。

反射的に「やめた方がいい」と言いそうになった私ですが、次の瞬間、「だんだんよくなる未来は明るい」が心にワッと広がって。

そうだ、息子はだんだんよくなる！

息子の未来は明るい！

もし行ってみてダメでも、大丈夫だよね。というか、どうせうまくいく。

すっかり安心した私は、息子に「よかったね！　楽しんでおいで」と言えたのです。

約束の日に向け、息子は生《は》やしっぱなしだった無精ひげを剃《そ》り、久しぶりの外出だからと、自ら美容院へ。息子にとって、美容院へ行くことは大きな不安や恐怖があったと思いますが、1人でやり抜きました。

「このまま諦めたら、俺はずっと変われない。いい言葉を唱えながら挑戦したい」

そう言って、息子の口から「だんだんよくなる未来は明るい」の神言葉が飛び出したときは、本当に胸がいっぱいになりました……。

ほかにも、オシャレ好きの姉に買い物の同行をお願いしてカッコいい服を買ってきたり、友達と遊ぶために体力をつけたいと、散歩をし始めたり。

息子の成長ぶりに、目を見張るばかりでした。

私が「だんだんよくなる未来は明るい」の、3巡目の旅を終えた日。息子は、笑顔で出かけていきました。

生まれて初めて友達とショッピングやランチをしたのがよほど楽しかったよう

で、この日はさらに電車で移動。観光客で賑《にぎ》わう繁華街まで足を延ばしたと言います。

あれだけ人混みが苦手な息子なのに、波動でこんなに変われるものなんですね。

また、友達は最近嫌なことがあり、その日も少し落ち込んでいたらしいのですが、息子とお喋りしているうちにすっかり心が晴れ、なんと「お前といると楽しい。癒される～」なんて言ってもらったそうです♪

一人さんがいつも、「波動は周りに影響するよ」とおっしゃいますが、本当にその通りだと、しみじみ思いました。

この一件は息子の大きな自信となり、間もなく、「働いてみたい」とまで言うようになりました。すると、またまた現実が動きます。

偶然、私が地元のアートイベントでお仕事を引き受けることになり、アート好きな息子も手伝ってくれたんです。そこで知り合ったイベント関係者が息子に興味を持ってくださり、後日、こんなオファーをいただいたのです。

「若いアーティストを応援するギャラリーの、合同展示会に絵を出してみませんか？」
思いがけないチャンスに、息子は大歓喜！　現在、その展示会に向け、楽しく創作活動に励んでいます。

息子に起きた数々の出来事は、どう考えても、神のみわざとしか思えません。間違いなく、「だんだんよくなる未来は明るい」の言霊が起こしてくれたものでしょう。

私の場合は、「だんだんよくなる未来は明るい」の旅を1巡しただけでは物足りず、2巡目、3巡目と進んだわけですが、もし1巡だけで終わっていたら、ここまでの奇跡は起きなかったかもしれません。

これから「だんだんよくなる未来は明るい」の旅に出る方は、1巡目にピンとこなくても諦めず、ぜひ、私のように回数を重ねてみてください。

我が家のように、あるとき爆発的な奇跡が起きるかもしれないのですから――。

【一人さんからのコメント】

このエピソードを読んで、一人さんは感動で泣きました。

息子さんは、とても勇気のある青年です。そしてその勇気を育てたのは、親御さんであるあなたです。本当に素晴らしいですね。

息子さんは、なんの心配もありませんよ。

これからもご家族みんなで、笑って過ごしてください。

がんだったはずが良性の腫瘍に変わった⁉

50代女性

昨年の秋、大好きな知人に大きな腫瘍《しゅよう》が見つかりました。足にできたそのコブは、検査の結果、がんであることが判明。

しかし、腫瘍が大き過ぎるため手術が難しく、まずは抗がん剤で腫瘍を小さくして、その後、経過を見ながら手術をする治療方針になりました。

本人からこの話を聞いたとき、私は大変なショックを受けました。抗がん剤には強い副作用があるというイメージですから、そのことも心配で……。

ただ、いっぽうではこんな確信もあったのです。

「どんな治療になっても、絶対、悲しい結果にはならない！」

きっと、その少し前から挑戦していた「だんだんよくなる未来は明るい」の旅のおかげだと思います。


そして、思いもよらない結果が訪れます。

実は、当初診《み》てもらった病院では治療が困難との判断になり、その後、知人はより設備の整った大きな病院に転院。改めてその病院で精密検査を行ったところ、なんと、主治医から「がんではありません」との診断が！

当然、抗がん剤の必要はなく、手術で腫瘍を摘出していただけたのです。

手術直後には、本人から「無事に終わりました。ありがとう」とのメールが届き、酸素マスクをした自撮り写真まで添付されていました（笑）。

知人の様子を見る限り、もう心配なさそう。

あとは「だんだんよくなる未来は明るい」で、全快に向かうのみです。本当に、大安心でホッとしました。


知人から病の報告を受けたとき、なぜか確信した安心の未来。

そして実際にその通りの未来がもたらされ、いかに自分の思い、波動が大切なものであるかを痛感しました。

これからも言霊を信じ、ますます明るい未来をつくり続けたいと思います。


【一人さんからのコメント】


人の肉体には寿命があり、みんないつかは死を迎えます。でもね、まだまだこの世でのお役目が残っている人の場合は、神様の力を借りることで、死の時期を引き延ばすこともできると一人さんは思っています。

神言葉には、人間には想像もつかないほどのパワーがあります。大切な人が大事に至らず、本当によかったですね。

熱さ、寒さ、痛みを感じさせない不思議

50代女性

毎日100回唱えながら、「いつか1000回にもチャレンジしたいなぁ」と思っていた私。そんなある日、近所の韓国スパ（スーパー銭湯）を訪れたときのことです。

そのスパでいちばんお気に入りの塩釜岩盤浴に入り、なんとなく、「だんだんよくなる未来は明るい」と唱えたんですね。

ここの岩盤浴はとても熱く、いつもはどんなにがんばっても5分が限界。ですが不思議なことに、神言葉を唱えている間は熱さも苦しさも感じません。気が付けば、500回も言っていたのです。

その後はクールダウンのために「冷凍の部屋」と呼ばれる低温室に入り、再び「だんだんよくなる未来は明るい」に挑戦したところ、今度は極寒のなかでもそれ

ほど寒さを感じることなく、サラッと200回達成。

これはただの偶然じゃない！

そんな確信とともに、次はスパのなかでもっとも熱い、「火釜の部屋」に入ってみることにしました。

この火釜の部屋というのが、とんでもない灼熱《しゃくねつ》地獄で（笑）。いつもの私だと、2分ともたない極限の世界。そんな環境で、いったい神言葉が何回言えるだろうと、ワクワクしながら挑戦したのです。


結論から言うと、難なく300回をクリア。これにはもうビックリ！

「だんだんよくなる未来は明るい」と唱えながらゆっくり部屋のなかを見回せたのですが、実はこのお部屋、桃や龍といった、神様にまつわる壁画が一面に描かれていて。いままで何度も入ったことはあるものの、いつもは熱過ぎてそれどころじゃなかったんですよね（笑）。

でも、今回は壁や天井の神秘的な絵画を心ゆくまで鑑賞することができ、灼熱地獄のなかで、まるで神様と対面したような感動でいっぱいになりました。

もちろん、不快な熱さもほとんど感じません。

こんな魔法ってあります？　自分でも信じられないぐらいですが、どれも本当に起きた話なのです。


思いがけずスパで1000回の旅を達成し、その奇跡に触れた私は、別の日にこんな挑戦もしてみました。

その日は、歯医者さんでクリーニングの予約をしていました。歯のクリーニングには麻酔をしないので、いつも歯に響く痛みがあるんですね。

そこで、クリーニングが始まると同時に、心のなかで「だんだんよくなる未来は明るい」と唱えてみると……やがて、痛みを感じなくなったではありませんか。人生初体験の、言霊麻酔です（笑）。

神言葉を信じて唱えると、そのパワーでこんなにも奇跡をもたらしてくれるんですね！

【一人さんからのコメント】

心と体はひとつながりだから、心を明るくして神的波動になれば、それが肉体にもよい影響があるということがよくわかるエピソードでした。とても興味深い体験をしましたね。

だんだんよくなる未来は明るい。このことを信じているあなたには、大安心の未来が訪れるよ。明るい人生を、存分に楽しんでください。

心残りなく見送ることができた母とのお別れ

50代女性

私は東京出身ですが、現在は地方在住で、病気の母が入院する東京の病院へは、なかなか顔を出せない状況でした。

仕事の都合上、土曜の午後にしか上京できず、その日は面会時間に間に合わないため、翌日ちょっと母の顔を見てすぐにまた地方へ戻るという、慌ただしいスケジュール。しかも、コロナ禍からの影響で、面会時間は1回15分程度という短時間です。

仕方がないこととはわかっていても、やはりもどかしい思いを抱えていました。

ふだんは、実家近くに住む姉が母のお世話を一手に引き受けてくれていますので、私は姉への感謝の気持ち、そして母への祈りを込めながら、「だんだんよくなる未来は明るい」と唱える日々を送っていました。

そんな昨年10月のある日、母の容体《ようだい》が急変したとの連絡が入りました。幸いそれが金曜日だったため、翌日の仕事を終えてすぐに、私も母のもとに駆けつけたのです。

母の命があるうちに間に合うかどうか……不安から、私は移動しながら「だんだんよくなる未来は明るい」と唱え続けました。

すると、この日は新幹線や在来線の乗り継ぎがありえないほどタイミングよく、電車を降りるたびに階段が目の前にあるという奇跡。スムーズに移動できたおかげで、いつもなら間に合わない面会時間にも滑り込みセーフ！　その日のうちに、母との面会が叶ったのです。

母はすっかり弱っており、意識もない状態でした。けれども、眠っている母の顔を見られただけでも、本当によかったと思いました。

さらに驚いたのは、その翌日のこと。

この日も私は母に会いに行ったのですが、なんと一晩明けて、母が意識を取り戻したのです。姉や私、それから駆けつけたほかの親族ともしっかり会話ができ、孫や姪《めい》たちとも穏やかなひと時を過ごしました。

前日のぐったりとした母の様子を知っているだけに、「これは夢かしら？」と思うほどの出来事でした。

母が天国へ帰ったのは、その3日後です。私はそのとき地方へ戻っていたため、最期を看取ることができなかったものの、母が元気になったタイミングでお喋りができていたおかげで、思い残すことはありませんでした。

あの奇跡は、間違いなく〝神はからい〟でしょう。週末のわずかな時間しか母に会えなかった私に、「だんだんよくなる未来は明るい」の言霊で、神様がくれたギフトだと思います。

また、こんなこともありました。

母が亡くなったとき、たまたま斎場に空きがなく、やむを得ずお通夜より先に出棺することになったんですね。そのときも私は仕事を抜けられず、地方から母の冥福を祈っていました。

すると……まさに出棺が予定されていた時間に、仕事場にモンキチョウがひらひらと入ってきて。そのまま壁に止まり、じっと羽を休めているのです。

その時期にモンキチョウを見るなんて滅多にないこと、そしてチョウが迷い込んできた時間からして、私は直感的に「母だ!」と思いました。

母がチョウになってお別れを言いに来てくれたのだと、涙が止まりませんでした。

さらに、告別式の翌日には、地方に戻るため実家の玄関で靴を履こうとすると、靴紐になにかがくっついています。そこには青虫がいて、サナギになろうとしているのか、一所懸命口から糸を出していました。それを見て思ったのです。

人の体は寿命を迎えるけれど、魂は一時的に天国へ戻っただけで、時を経てまたこの世に誕生する。まるで、サナギがチョウになるように新しい姿になって——。

いつも一人さんがおっしゃっている「人の魂は永遠で、ソウルメイトとはずっと一緒だよ」という言葉が、このとき心底腑に落ちました。

おかげで、不思議といまは、生前以上に母を身近に感じます。もちろん、母との別れは寂しいけれど、心残りは少しもありません。

神言葉があれば、こんなにも穏やかなお別れができるのですね。

今世、一人さんに出会えて、私は最高に幸せです！


【一人さんからのコメント】

あなたの言うように、お母さんの魂がチョウになってあなたに会いに来た。一人さんもそう思います。

親族のような深い縁のある相手は、ソウルメイトです。魂は永遠に生き続けるので、今世で寿命を迎えても、ソウルメイトとはまたあの世で会えるよ。

その日を楽しみに、そしてそのときにはお母さんの魂に「地球でいっぱい楽しんできたよ！」と報告できるよう、この世界でたくさんの体験をしてくださいね。

特別養護老人ホームで夫婦一緒に♪

50代女性

年を取り、介護が必要になってきた義父母のことで悩んでいました。私が仕事を辞めて介護するべきか、あるいは介護施設に入ってもらうか……悩んでも悩んでも、うまい答えが見つかりません。

まさにそんなタイミングで「だんだんよくなる未来は明るい」ゲームが始まり、

毎日1000回言うようになりました。唱えるたびに気持ちが軽くなり、やがて、本当に「まぁ、なんとかなる！」と思えてきたのです。

義父母の状態を少し詳しく言えば、義父はすでに「要介護4」レベルで、特別養護老人ホームに申し込みをして順番待ちをしていました。

いっぽう、義母は「要支援1」という、要介護度のなかでもいちばん軽いレベル。施設入所は要介護3以上と決まっていますので、義母は在宅で誰かが支援しなければなりません。

ところが、しばらくして受けた介護認定の更新時に、なんと義母にも「要介護3」の認定が下りたのです。夫も私も、施設入所の条件をクリアするはずがないと思っていましたので、この結果にはとても驚きました。

おかげで、義父と同じ施設に、義母の入所申請をすることができたのです。

そして、わずかその2日後。施設から電話があり、「運よく2部屋空きました。ご夫婦で入所できますよ」という奇跡の展開！

全国で介護施設の不足が指摘されるなか、ここまでスムーズに入所できるケースは滅多にないと思います。しかも、夫婦で一緒に入所できるなんて。実際、施設でどのスタッフさんに聞いても、「ご夫婦で一緒に入所できた話は聞いたことがない」「これはかなりの幸運ですよ！」とおっしゃいます。

実は、義父母はずっと「老人ホームは嫌だ」と拒否していたので、入所が決まった後も、一筋縄ではいかないだろうと覚悟していました。

ところが、いざ「一緒に入所できることになったよ」と伝えたところ、2人とも思いのほかあっさり了承（笑）。なにからなにまでスムーズだったのです。

ただ「だんだんよくなる未来は明るい」と唱えるだけで、そのときいちばんうまくいく道へ導いてもらえる。神様の手助けが受けられる。

神言葉の力を借りずに生きるなんて、もう私には考えられません。

【一人さんからのコメント】

義理のご両親は、老人ホームは嫌だと訴えていたそうですが、夫婦で入所できたことで安心できたのかもしれないね。いちばんいい形になり、よかったですね。

これからも、「だんだんよくなる未来は明るい」で、あなた自身が笑顔でいられることを大切にしてください。そうすれば、その波動が義理のご両親にも伝わって、施設で心地よく過ごせると思いますよ。

数か月ぶりにがんの痛みから解放され……

40代女性

昨年の秋に、私はとても不思議な体験をしました。

私は、ある女性インフルエンサーさんのファンなのですが、その方はがんを患《わずら》っていて、SNSには徐々に「痛みで夜も眠れない」「歩けなくなった」などの投稿が目立つようになりました。

そんなとき、あるイベントで彼女がトークショーに出ることがわかりました。

こんなチャンスは滅多にない。いてもたってもいられず、私はその日、イベント会場へ足を運びました。

車いすで姿を見せたご本人は、痛みのせいか、ずっと足をさすり続けています。その姿に、「痛みから解放されますように」「元気になって笑顔でいられますように」と祈りながら、私は「だんだんよくなる未来は明るい」の神言葉を心のなかで唱え続けました。

すると――その数日後に、最高の笑顔の写真とともに、こんな投稿が。

「イベント後から、なぜか痛みがなくて。いつも痛みで夜中に何度も目が覚めるのに、数か月ぶりにぐっすり朝まで眠れています。体のしびれも気にならなくなったし、いったいなにが起きたの!?」

願いが通じた！　そう確信し、私は波動のすさまじさを感じたのです。

残念ながら、間もなくそのインフルエンサーさんは天国に帰られました。

そのお知らせを目にしたときは言葉を失いましたが、いっときでも耐え難い痛みから解放され、それが少しでもご本人の幸せにつながったのであれば……と思うと、ファンとして小さな恩返しができたような気がしています。


【一人さんからのコメント】


祈りって、本当に届くんだよね。目に見えなくても、時空を飛び越えてでも伝わるのが波動だから。

あなたが「だんだんよくなる未来は明るい」と唱えたことで痛みから解放されたと感じたのなら、間違いなくその通りでしょう。

自分も人も幸せになるために、引き続き「だんだんよくなる未来は明るい」の言霊を活用していただきたいと思います。

ソリの合わない同僚と離れて昇格

50代女性

昨年、職場で異動があり、以前から仲よくしていた同僚と一緒に働くことになりました。

当初は、同僚も私もすごく喜びましたが、いざ仕事を始めてみると、徐々に「あれ？」と思うことが増えてきたんです。なにかと意見が食い違うし、作業のタイミングなどにもズレを感じてしまいます。

同僚からは、親しい間柄とは思えない厳しい口調で「勝手に進めないで」など、さまざまな不満をぶつけられるように……。

そんな日々に耐えかね、話し合いの場を設けるのですが、いつも最後は喧嘩《けんか》になる。どうしてこんなことになったのか、私は深く悩むようになりました。

そんな折、一人さんの「だんだんよくなる未来は明るい」ゲームのことを知ります。

1日1000回、21日間の旅をすると、なにかが変わる。そう聞いた私は、すがる思いで神言葉を唱えました。すると、ほどなくこんなことが起きたのです。

職場の上司に呼ばれ、ソリが合わなくなった同僚について「彼女には、1か月後の異動を考えているのですが、それで現場が困ることはありませんか？」と問われたのです。なんと、喧嘩ばかりの同僚が、別の部門に配属されると言うのです。

こんなありがたい話はないと、それまで以上に心を込めて「だんだんよくなる未来は明るい」と唱えていると、うれしいことに、その同僚は予定よりも1週間早く異動になったのでした。

加えて、私自身にも、昇格という次のステージがやってきました。

通常の昇格発表は時期が決まっているのですが、それよりも1か月早いタイミングで決まった特別な昇格で、これにも驚くばかりです。

この先も、「だんだんよくなる未来は明るい」でどんなことが起きるだろうと思うと、ワクワクが止まりません。

【一人さんからのコメント】

自分がうんと明るい波動になれば、嫌な相手とは波動のレベルが違ってくるので、自然の摂理で引き離されます。波動が違い過ぎると、磁石の同じ極が反発し合うように、くっついていられないんだよね。

異動という自然な形で距離ができ、それがまたいい波動につながったことで、昇格話も出てきたのだと思います。おめでとう！

手術もできない高齢の義父が奇跡の回復！

60代女性

少し前のことです。90歳の義父が倒れ、救急搬送されました。その際に、ドクターからはこう告げられました。

「腸捻転《ちょうねんてん》（腸がねじれ、激痛や吐き気を起こす病気）だと思われますが、検査の数値も悪く、ご年齢を考えると全身麻酔には耐えられないので、手術は難しいです。申し上げにくいのですが、このまま疼痛《とうつう》ケアをしながら……（見送るしかない）」

そして、会わせたいご家族がいたら、いまのうちに呼んであげてくださいと。

認めたくない思いはありましたが、これも仕方のないことだと、私たちは覚悟を決めました。

数日後には、いよいよ義父の容体が悪化。意識も混濁しているという連絡を受け、義父とのお別れが近づいていることを、嫌でも感じさせられました。

ところが、です。その翌日、病院にいる主人からスマホにメッセージが入り、その冒頭に「じーちゃんが……」とあったので、やはり残念な報告だと覚悟を決めて読み進めたところ、なんと書かれていたのはその真逆の内容。

「じーちゃんが……元気になってきて大部屋に移れそうです！」

え、え、どういうこと!?

あまりにも想定外のことで、メッセージを3度も読み返したほどです（笑）。

実は、義父の容体が悪化したのと、私が「だんだんよくなる未来は明るい」の旅を達成したのは同じ日でした。そしてその翌日には、高齢の義父がありえない回復を遂げた。

わずか1日で現実がひっくり返ったのは、どう考えても言霊のおかげだとしか思えないのです。

私たち家族はみんな、義父が大好き。少しでも長く一緒にいられたら、こんなにうれしいことはありません。

我が家は、神言葉に救われました。最高の奇跡に、心から感謝します！

【一人さんからのコメント】

あなたのお義父《とう》さんは、みんなに愛されてとても幸せですね。というか、お義父さんがもともと愛の人だから、あなたのようなやさしいお嫁さんにも恵まれたのでしょうね。

これからも、明るい波動でお互いを思いやれる、素敵な家族でいてください。

それにしても、90歳というご年齢で素晴らしい回復力ですね。あっぱれ！

おわりに

本文中、そして最終章でご紹介したエピソードからもわかるように、「だんだんよくなる未来は明るい」の神言葉は、どんな奇跡も起こす力を秘めています。

紙幅の関係で割愛《かつあい》した体験談は、この何十倍（もしかしたら何百倍）もあり、そのすべてを公開できないのがとても残念ですが、いずれにせよ、これほど膨大な証言が集まっているのは、偶然では済まないことです。

もちろん、このことを信じるも信じないもあなたの自由です。

ただ、一人さんにしてみれば、言葉を唱えるだけで生きやすくなる、幸せになるわけだから、信じないことの方が不思議なんだよね。

お金がかかるわけじゃないし、唱える時間はかかるにしても、細切れに隙間時間を使えばそれで十分です。

明らかなデメリットもないのに、科学的に証明できないという理由だけで試すことすらしないのは、やっぱり大きな機会損失なんじゃないかな。

人間にできることは、たかが知れています。と言うと語弊《ごへい》があるかもしれないけれど、万能の神様に比べると、人間は本当に小さく弱い存在です。

人間が死ぬ気で全力を出しても、神様にはとうてい敵《かな》いません。

でも、神様を信じて頼れば、いくらでもその力を貸してもらえるんだよね。明るい波動で神様に喜んでもらえたら、どんな理想も現実にしてもらえるの。

この話を信じて「だんだんよくなる未来は明るい」と唱え続けた人は、奇跡みたいなことがじゃんじゃん起きてくるよ。

本当に、明るい未来しか出てこなくなるんだ。

最後までお読みいただき、ありがとう。

あなたがどんな明るい未来を手にするか、一人さんも楽しみにしているよ。

さいとうひとり

雄大な北の大地で
「ひとりさん観音」に出会えます

北海道河東郡上士幌町上士幌

ひとりさん観音《かんのん》

柴村恵美子さん（斎藤一人さんの弟子）が、生まれ故郷である北海道・上《かみ》士《し》幌町《ほろちょう》の丘に建立《こんりゅう》した、一人さんそっくりの美しい観音様。夜になると、一人さんが寄付した照明で観音様がオレンジ色にライトアップされ、昼間とはまた違った幻想的な姿になります。

記念碑

ひとりさん観音の建立から23年目に、白光の剣《つるぎ》（※）とともに建立された「大丈夫」記念碑。一人さんの愛の波動が込められており、訪れる人の心を軽くしてくれます。

（※）千葉県香取市にある「香取神宮」の御祭神・経津主大神《ふつぬしのおおかみ》の剣。闇を払い、明るい未来を切り拓く剣とされている。

「ひとりさん観音」にお参りをすると、願い事が叶うと評判です。
そのときのあなたに必要な、一人さんのメッセージカードも引けますよ。

そのほかの一人さんスポット

ついてる鳥居：最上三十三観音 第2番 山寺（宝珠山《ほうじゅさん》 千手院《せんじゅいん》）

山形県山形市大字山寺4753　電話：023-695-2845

一人さんが
すばらしい波動を
入れてくださった絵が、
宮城県の
定義如来西方寺《じょうぎにょらいさいほうじ》に
飾られています。

宮城県仙台市青葉区大倉字上下1
Kids' Space 龍の間

勢至菩薩《せいしぼさつ》様は みっちゃん先生の イメージ

聡明に物事を判断し、冷静に考える力、智慧と優しさのイメージです。寄り添う龍は、「緑龍」になります。地球に根を張る樹木のように、その地を守り、成長、発展を手助けしてくれる龍のイメージで描かれています。

阿弥陀如来《あみだにょらい》様は 一人さんの イメージ

海のようにすべてを受け入れる深い愛と、すべてを浄化して癒やすというイメージです。また、阿弥陀様は海を渡られて来たということでこのような絵になりました。寄り添う龍は、豊かさを運んでくださる「八大龍王様」です。

観音菩薩《かんのんぼさつ》様は はなゑさんの イメージ

慈悲深く力強くもある優しい愛で人々を救ってくださるイメージです。寄り添う龍は、あふれる愛と生きる力強さ、エネルギーのある「桃龍」になります。愛を与える力、誕生、感謝の心を運んでくれる龍です。

斎藤一人さんとお弟子さんなどのウェブ

斎藤一人さんオフィシャルブログ

https://ameblo.jp/saitou-hitori-official/

一人さんが毎日あなたのために、ツイてる言葉を、
日替わりで載せてくれています。ぜひ、遊びにきてくださいね。

斎藤一人さんX（旧 Twitter）

https://twitter.com/HitoriSaito?ref_src=twsrc%5Egoogle%7Ctwcamp%5Eserp%7Ctwgr%5Eauthor

上のＵＲＬからアクセスできます。
ぜひフォローしてください。

柴村恵美子さんのブログ	https://ameblo.jp/tuiteru-emiko/
ホームページ	https://emikoshibamura.ai/
舛岡はなゑさんの公式ホームページ	https://masuokahanae.com/
YouTube	https://www.youtube.com/c/ますおかはなゑ4900
インスタグラム	https://www.instagram.com/masuoka_hanae/
みっちゃん先生のブログ	https://ameblo.jp/genbu-m4900/
インスタグラム	https://www.instagram.com/mitsuchiyan_4900/?hl=ja
宮本真由美さんのブログ	https://ameblo.jp/mm4900/
千葉純一さんのブログ	https://ameblo.jp/chiba4900/
遠藤忠夫さんのブログ	https://ameblo.jp/ukon-azuki/
宇野信行さんのブログ	https://ameblo.jp/nobuchan49/
尾形幸弘さんのブログ	https://ameblo.jp/mukarayu-ogata/
鈴木達矢さんの YouTube	https://www.youtube.com/channel/UClhvQ3nqqDsXYsOcKfYRvKw

〈著者略歴〉

斎藤一人（さいとう　ひとり）

実業家。「銀座まるかん」（日本漢方研究所）の創設者。1993年から納税額12年連続ベスト10入りという日本新記録を打ち立て、累計納税額に関しては2006年に公示が廃止になるまでに、前人未到の合計173億円を納める。また、著作家としても「心の楽しさと経済的豊かさを両立させる」ための著書を何冊も出版している。主な著書に『斎藤一人 成功したのは、みんな龍のおかげです』『斎藤一人 今はひとりでも、絶対だいじょうぶ』『斎藤一人 人は考え方が９割！』『斎藤一人 幸せ波動、貧乏波動』『強運』『絶対、よくなる！』『「気前よく」の奇跡』（以上、ＰＨＰ研究所）がある。

斎藤一人　だんだんよくなる未来は明るい

2024年6月3日　第1版第1刷発行

著者	斎藤一人
発行者	永田貴之
発行所	株式会社ＰＨＰ研究所

東京本部　〒135-8137　江東区豊洲5-6-52
ビジネス・教養出版部　☎03-3520-9619（編集）
普及部　☎03-3520-9630（販売）
京都本部　〒601-8411　京都市南区西九条北ノ内町11

PHP INTERFACE　https://www.php.co.jp/

制作協力 組版	株式会社PHPエディターズ・グループ
印刷所 製本所	図書印刷株式会社

ISBN978-4-569-85714-5

PHPの本

斎藤一人
幸せ波動、貧乏波動

斎藤一人 著

がんばっても成功できないのは、自分で自分の波動を下げているから。納税日本一の大富豪が、豊かさを手にする波動の上げ方を説く！

斎藤一人 成功したのは、みんな龍のおかげです

斎藤一人／みっちゃん先生　共著

「機嫌のいい人」になれば、龍が応援してくれる。そこから奇跡がはじまる！　龍を笑わせて、やすやすと人生を好転させる方法を説く。

ＰＨＰの本

斎藤一人 今はひとりでも、絶対だいじょうぶ

斎藤一人 著

ひとりの「さびしさ」も「孤独」もすっきり解消！　しかも自分の周りに「いい人」が集まって、幸せも舞い込んでくる生き方を公開！